Rêves et Deuil

Guérir d'un deuil par les rêves

Données de catalogage avant publication (Canada)

Lapensée, Micheline

   Rêves et Deuil: Guérir d'un deuil par les rêves

   (Collection Rêve-à-tout)
   Comprend des réf. bibliogr.

   ISBN 2-89436-094-0

   1. Deuil - Aspect psychologique. 2. Rêves. 3. Onirothérapie.
   4. Travail de deuil. 5. Personnes endeuillées - Psychologie.
   I. Titre. II. Collection.

BF575G7L36 2003   155.9'37   C2003-940792-6

Nous remercions la Société de Développement des Entreprises Culturelles du Québec (SODEC) pour son appui à notre programme de publication.

Infographie:

   Caron & Gosselin

Mise en pages:

   Composition Monika, Québec

Éditeur:

   Éditions Le Dauphin Blanc
   C.P. 55, Loretteville, Qc, G2B 3W6
   Tél.: (418) 845-4045 – Fax (418) 845-1933
   Courriel: *dauphin@mediom.qc.ca*

ISBN 2-89436-094-0

Dépôt légal:

   2e trimestre 2003
   Bibliothèque nationale du Québec
   Bibliothèque nationale du Canada

Micheline Lapensée

Rêves et Deuil

Guérir d'un deuil par les rêves

Le Dauphin Blanc

À ma mère Marie, mon guide,
à ma fille Caro,
une âme libre et courageuse,
avec tout mon amour!

«Il faut chérir ses visions et ses rêves, car ils sont les enfants de l'âme, les plans de ses ultimes réalisations»

Napoléon Hill

Collection
RÊVE-À-TOUT

Je suis heureuse de vous présenter cette collection de livres de poche dont le but est de vous informer sur les nombreux aspects du rêve. Chaque auteur développe son sujet de façon à vous permettre de comprendre aisément et d'intégrer rapidement la valeur pratique des rêves.

Puisque les rêves constituent un champ d'exploration très vaste, les thèmes ont été choisis dans le but de faire la lumière sur plusieurs d'entre d'eux. Du rêve télépathique au rêve spirituel, de la créativité à la prémonition, de la mémoire à l'analyse du rêve, chaque titre vous renseigne avec clarté et concision.

Le but premier est de vous faciliter la compréhension de vos rêves et de vous donner le goût d'explorer vos nuits pour y découvrir des trésors inestimables dont la connaissance de soi tout en recevant des messages importants, des inspirations et des solutions aux problèmes quotidiens. La nuit porte conseil! Il suffit tout simplement d'accueillir chaque matin les précieuses informations en provenance de vos envolées nocturnes.

Rêve-à-tout a pour mission de vous faire découvrir **tout du rêve**.

Nicole Gratton
Directrice de l'École de
Rêves Nicole Gratton

Remerciements

*J*e remercie chaleureusement Nicole Gratton qui, par ses ateliers et son généreux partage, a contribué à élargir le champ de mes connaissances et a suscité un intérêt croissant pour le monde onirique et les trésors qu'il détient. Je lui suis reconnaissante de la confiance manifestée en m'invitant à joindre l'équipe d'auteurs de la collection Rêve-à-tout.

Je remercie les rêves d'être si généreux à mon égard en me permettant de faire, dans le monde onirique, de merveilleuses expériences que j'ai le plaisir de partager avec vous dans ce livre.

Je remercie tous ceux et celles qui ont manifesté un réel enthousiasme face à mon projet et m'ont incitée à poursuivre ma démarche, notamment mes stimulantes compagnes de l'École de Rêves, Chantal, Carole et Claire.

Je remercie l'éditeur Alain Williamson de me permettre d'évoquer un sujet tel que le deuil dans le cadre de cette collection et ainsi montrer un autre visage du deuil à travers les rêves.

Table des matières

Introduction

*« Les grandes joies nous font aimer le monde.
Les grandes épreuves nous le font comprendre. »*

Que le deuil soit récent ou qu'il remonte à plusieurs années, qu'il soit relié à la perte d'une personne que vous aimiez ou à celle d'une personne avec qui vous viviez un conflit, ce livre s'adresse à vous. Il a pour mission de vous donner des outils pour vous aider à traverser cette période douloureuse de l'existence. En parcourant les chapitres de ce livre, je vous invite à découvrir le pouvoir que nous avons d'intervenir dans le processus du deuil par les rêves.

Si j'ai entrepris ce projet audacieux d'écrire sur les rêves et le deuil, c'est que tous les deux sont parties intégrantes de ma vie et de mon être. J'ai subi la perte de plusieurs personnes significatives, soit mon conjoint, ma mère et mon père, entre autres. Le point commun de ces deuils, outre l'amour qui nous unissait, est que la vie bascule à chaque fois, comme un globe terrestre que nous tournons sans cesse à l'envers.

Chaque deuil est ressenti et vécu différemment et à chaque départ, on perd ses repères. On doit réapprendre à vivre sans l'être cher, maintenant disparu. Ce qui est certain, c'est qu'on ne sera plus jamais la même personne. Il faut donc apprendre à connaître et à aimer la nouvelle âme que nous sommes devenus.

Durant ce processus douloureux, les rêves permettent de libérer les émotions qui nous envahissent durant le jour et que nous refusons, consciemment ou non, de laisser jaillir par crainte de souffrir davantage. Car la douleur est parfois si vive qu'on ne la ressent plus! On est à demi-mort. Notre esprit vogue tel un bateau à la dérive, il n'y a plus de capitaine à bord!

Les rêves n'ont jamais pour but de nous effrayer ou de nous blesser mais plutôt de nous éclairer sur nous-mêmes et sur les actions à poser afin que notre vie soit harmonieuse et empreinte de sérénité.

Je suis une rêveuse active. Depuis des années, j'écris mes rêves dans mon journal de rêves, je les valide en assumant l'émotion dans le rêve et en posant un geste concret dans le jour, en relation avec le rêve. Les rêves sont essentiels dans mon univers car ils contribuent à maintenir mon équilibre alors que les corps physique, émotionnel, mental et spirituel faisant partie intégrante de mon être, fusionnent sans les contraintes de la vie diurne.

Les rêves me permettent de communiquer avec des personnes vivantes ou des êtres aimés qui sont de l'autre côté de la rive et de ressentir qu'elles veillent sur moi, que je ne suis pas seule. Les rêves sont également le pont entre ces deux rives: le monde terrestre et l'au-delà. Un pont que je peux traverser en toute confiance car j'ai la possibilité de revenir à tout moment.

Pendant que le sommeil offre au corps physique un moment de repos afin de favoriser le processus de réparation des organes et des tissus endommagés, dans l'univers des rêves, tout est permis, tout est possible! Il n'y a aucune censure. La douleur peut jaillir sans crainte de perdre l'esprit car l'amour divin veille sur nous. L'âme étant libérée, la souffrance disparaît, la cicatrisation commence et la guérison devient possible.

Le souhait que je formule, du plus profond de mon être, est que, suite à la lecture de *Rêves et Deuil*, vous éprouviez le goût irrésistible de devenir *une rêveuse* ou *un rêveur actif* afin que vos nuits deviennent une source inépuisable de connaissance de vous-même et que vous réalisiez que malgré les chagrins passés, la vie, votre vie, peut être belle!

Chapitre 1

Le choc

*L*a mort de la personne qu'on a aimée va infliger au cœur et à l'esprit une blessure d'une violence inouïe. Car le deuil revêt de multiples aspects[1]. D'abord, c'est un ressenti physique et le corps parle et hurle sa douleur par son épuisement et son déchirement intérieur. L'endeuillé est en état de choc. Ensuite, c'est un état psychologique alors qu'un flot de sentiments, de pensées et d'émotions mobilise l'esprit

---

1. Dr Christophe Fauré, *Vivre le deuil au jour le jour*, Éditions Albin Michel.

pendant un temps qui semble interminable. La personne a l'impression de vivre un rêve, d'être dans une bulle. Finalement, c'est un événement social et relationnel qui influencera fortement son rapport à elle-même. La personne en deuil peut perdre tout intérêt pour ce qui la passionnait auparavant.

La vie bascule

Lorsque le départ d'un être proche se fait sans qu'on ait pu lui dire Au revoir, on admet difficilement son départ. On avait tant de choses à lui dire, tant de projets et de rêves à partager, tant d'amour à lui donner. Lorsque la personne décédée apparaît en rêve, bien vivante, cela peut susciter un sentiment d'inquiétude, car on ne s'y attend pas.

Quelques mois après le décès de Pierre, j'ai fait ce rêve surprenant.

Titre : La peur de vivre

Je regarde par la fenêtre de la cuisine. J'aperçois un corps face contre terre à côté de la clôture, il porte une veste à carreaux rouge de chasseur. Je me dis qu'il ressemble à Pierre. Mais Pierre est décédé depuis des mois.

L'homme apparaît soudainement dans la porte patio de la cuisine. Je le regarde, l'air incrédule. Je dis «Tu es mort! Tu ne peux pas revenir. J'ai dit à tout le monde que tu es mort... Les funérailles ont eu lieu il y a plusieurs semaines!»

Il ne m'écoute pas. Il s'installe confortablement dans la maison comme s'il n'était jamais mort, comme s'il m'avait fait une blague. Il a l'air content de lui.

Je suis bouleversée alors qu'il est très détendu.

Sentiment final: *surprise*

Voici ce qui s'était produit quelques mois plus tôt.

Le vendredi matin du verglas, le 9 janvier 1998, Pierre, mon conjoint, s'est levé avant moi. Après avoir échangé quelques mots avec lui, je me suis rendormie. Je me suis levée lorsque ma petite chienne Sibel est venue m'éveiller pour sortir.

En atteignant le haut de l'escalier, j'ai vu mon conjoint étendu sur le palier en bas. Ça m'a paru tellement inusité que j'ai cru qu'il me faisait une blague et qu'il allait ouvrir un œil et éclater de rire. Mais après avoir murmuré son nom j'ai constaté, comme en rêve, qu'il était mort. Plus tard on m'a dit qu'il avait été foudroyé à la suite d'un infarctus, environ une heure et demie plus tôt.

Il semblait dormir, son visage était beau et il avait l'air en paix comme jamais auparavant, même durant son sommeil. Malgré l'état de choc dans lequel je me trouvais, j'ai eu la possibilité de le toucher, de l'embrasser, de lui dire que je l'aimais! Et surtout, je lui ai dit de *ne pas avoir peur*! Que mon père et ma mère, décédés quelques années plus tôt, seraient là pour l'accueillir de l'autre côté! Je n'avais aucun doute!

Le choc ressenti à la suite de la mort subite de mon conjoint a été extrêmement violent et m'a gardée dans un état second durant des mois. Devant les gens, je demeurais fonctionnelle et je mettais toute mon énergie à contrôler mes émotions.

J'évitais de parler de ma peine, de mes inquiétudes, de mes peurs et de ma solitude. Aucune porte n'était entrouverte pour les personnes qui voulaient m'apporter un soutien.

Pour l'avoir expérimenté moi-même dans ma vie, où les deuils se sont succédés, je peux affirmer que, sans les rêves, ma guérison serait aujourd'hui incertaine. Je sais que les rêves sont très précieux en période de deuil car ils sont le reflet et la continuité de nos jours et ils ont le pouvoir de guérir.

Dans les mois qui ont suivi le départ de mon conjoint avec qui j'avais partagé dix-huit ans et demi de vie commune, je maintenais des habitudes de vie à deux et je ne réalisais pas vraiment que ma vie n'était plus comme avant. J'étais sous le choc et je vivais dans une bulle. Grâce à la vigilance d'amies, qui furent très présentes dans les semaines suivant le décès et qui me voyaient couler à pic, j'ai fait appel à une aide thérapeutique trois semaines après le décès de mon conjoint, ce qui, je crois, m'a empêchée de sombrer complètement.

La thérapeute qui m'a accueillie a démontré beaucoup de compassion et d'écoute attentive. C'est ce dont j'avais besoin à ce moment douloureux de ma vie. Les séances ont permis de libérer des rivières de larmes qui n'en finissaient plus de couler. J'ignorais qu'on pouvait en verser autant.

Croire que l'on peut évacuer avec mépris son deuil, en prônant la force de sa volonté, est la pire erreur que l'on puisse commettre à l'égard de soi-même. Il y a des blessures qu'on ne peut pas se permettre de négliger.

Cependant, ce n'est que quelques années plus tard qu'un autre thérapeute a su me transmettre l'espoir que la vie pouvait encore être belle pour moi!

J'ai décidé d'y croire en acceptant de modifier des choses dans ma vie, en tournant le dos au passé, en découvrant et aimant la nouvelle âme que j'étais devenue à la suite des pertes subies et en m'ouvrant à la vie à nouveau.

Je suis maintenant convaincue que la mort ne brise pas notre lien avec l'âme immortelle des êtres chers simplement parce qu'ils ont perdu leur corps éphémère. Les âmes désincarnées ont la capacité d'aider ceux qui, sur terre, gardent contact avec l'univers spirituel.

Pour bénéficier pleinement de nos rêves, le journal de rêves s'avère un outil essentiel. C'est le compagnon fidèle qui accueille le récit de nos découvertes dans le monde du rêve, et nous pouvons tout lui confier.

C'est notre Livre de Vie, car en notant sur papier les scénarios de la nuit, nous nous permettons de découvrir l'être unique, illimité et lumineux que nous sommes. Nous sommes émerveillés par les transformations subies jour après jour et traçant ainsi, la route vers la guérison.

Nous dormons durant près du tiers de notre vie et sur une période de sommeil de huit heures, nous faisons un minimum de quatre à six rêves. Le dernier rêve de la nuit étant le plus long, nous pouvons facilement le retenir.

La douleur si intense et la tristesse envahissante s'envolent durant la nuit. Notre âme libre remplit notre esprit d'images de tendresse, d'amour, de plaisir, de réconfort, de lieux fantastiques et de belles rencontres.

Durant le jour, la personne en deuil essaye de contrôler ses émotions et n'ose pas en parler de peur d'être jugée. Souvent, elle se sent inutile, elle manque d'énergie et de motivation. Parfois, elle est dans un état dépressif qui n'est pas toujours apparent. Il arrive que, dans les mois qui suivent un décès, la personne en deuil vive dans la crainte qu'un autre événement tragique ne survienne. Elle peut même craindre que sa propre vie soit menacée; elle vit donc dans la peur.

Les rêves de l'au-delà

Dans nos rêves, on peut considérer l'apparition du défunt comme une aide pour la prise de conscience de soi.

En effet, tous les rêves où apparaissent les défunts ne sont pas à traiter sur le même plan: certains sont de réels contacts ou communications; d'autres sont plutôt des images à interpréter selon les préoccupations du rêveur[1].

Dans certains cas, il y a lieu de s'interroger plutôt sur la relation qu'on entretenait avec la personne décédée afin d'élucider nos problèmes dont la conséquence peut demeurer présente même après la mort de la personne.

Dans d'autres cas, la teneur même du rêve, l'intense sensation de réalité du contact, incline à penser qu'il s'agit bien d'un contact par l'intermédiaire du rêve. Pour le rêveur qui connaît une telle expérience, il n'y a aucun doute dans son esprit que la communication a eu lieu.

Il peut arriver qu'il n'y ait pas de dialogue ou de vraie communication, simplement une sensation d'un désir de contact qui parfois ne s'établit pas vraiment. Il apparaît que certaines rencontres ne sont que provisoires et ne se manifestent que durant

---

1. Hélène Renard, *Les rêves et l'Au-delà*, Philippe Lebaud Éditeur, 1991.

une certaine période de temps. Un jour, la communication s'arrête. Le rêveur ne reverra plus en rêve la personne décédée. On ignore pourquoi, mais on peut imaginer que le rêveur a résolu un problème et que la vision du défunt n'est plus nécessaire pour permettre son évolution.

Pour ma part, les rêves furent de fidèles compagnons durant ces périodes de deuil qui ont traversé ma vie. Sans les rêves qui remplissaient mes nuits alors que mes jours étaient si vides, je crois que j'aurais basculé dans la dépression.

Peu importe que vous vous souveniez abondamment de vos rêves ou que seulement quelques fragments d'images vous reviennent en mémoire au réveil, en démontrant un intérêt pour vos rêves et en prenant l'habitude de les noter quotidiennement, la mémoire du rêve grandira et vos nuits seront plus généreuses.

Pour activer la mémoire du rêve, un réveil en douceur permet de ne pas quitter le monde du rêve trop abruptement. En gardant les yeux fermés pour capter les dernières images ou les dernières sensations de la nuit, nous attrapons, image après image, le scénario du rêve. Il suffit d'être patient.

Tel un muscle qui s'entraîne quotidiennement, la mémoire se développe avec l'usage. La qualité de notre mémoire dépend des stratégies utilisées pour retenir les informations mais aussi de nos attitudes et nos habitudes de vie[1].

Parfois, il est préférable d'attendre quelques jours avant d'analyser le rêve alors qu'à d'autres moments, l'évidence d'une situation apparaît clairement, et le scénario de nuit met en lumière des solutions possibles.

Le rêve capte notre attention par des images concises «les symboles.» Donc, même si vous n'avez pas l'habitude de vous souvenir de vos rêves et de les noter, soyez rassuré. Même au début de cette nouvelle aventure dans le monde du rêve, une simple image, un bref scénario peuvent vous informer!

---

1.   Denise Cardinal, *Rêves et Mémoire*, Éditions Le Dauphin Blanc, 2002.

Le symbole le plus explicite sera le moyen le plus efficace de capter votre attention. C'est par le biais de métaphores que le rêve tente d'atteindre la conscience du rêveur. Et seul le rêveur peut comprendre son rêve, car il connaît le contexte des événements de sa journée[1].

La mort d'un être proche est toujours une étape douloureuse et extrêmement difficile dans la vie d'un être humain, peu importe son âge, son sexe et son statut social.

Mais oui, il est possible de guérir d'un deuil, même celui pour lequel nous disons «J'ai trop mal, je vais en mourir!» Tout ce qu'il faut, c'est oser y entrer, accepter de ressentir cette douleur indescriptible pour ensuite en guérir. Bien sûr, si nous sommes conscients des étapes qui conduisent à la traversée du deuil, nous sommes assurément mieux outillés pour y faire face. Après le choc du décès, où la perception du réel se brouille et où la vie émotive se fige dans le but de protéger d'une trop grande douleur,

---

1.   Nicole Gratton, *Rêves et Symboles*, Éditions Le Dauphin Blanc, 2003.

suivront le déni et la libération des émotions.

Les repères disparaissent

À la suite du décès de mon conjoint, je prends progressivement conscience des pertes multiples reliées à cette disparition. Graduellement, je réalise l'ampleur du traumatisme qui s'abat sur moi, et le seul moyen qui m'apparaît de m'en préserver est la fuite, dans le but de me protéger.

Titre: La course effrénée

Je suis poursuivie par un médecin et ses assistants dans une immense salle de toilette publique. Le médecin est à quelques pouces de mon visage et me regarde intensément. Il a quatre seringues dans les mains et veut me détacher le visage, me scalper. Je le supplie de ne pas me faire mal. Je réussis à lui échapper, je cours. J'essaie de prévenir les gens qui courent autour de moi, mais ils ne m'entendent pas.

Je reviens au point de départ dans la salle de toilette. Je pense que je dois être ensanglantée. Je me vois soudain dans le miroir et il n'y a pas de sang. J'ai les cheveux coupés très courts et j'ai l'air d'une petite fille d'environ douze ans. Je suis très surprise!

Sentiments finals: *solitude et étonnement*

Ce rêve me reflète combien je me sens menacée et agressée de toute part dans ma vie actuelle (poursuite). La peur de perdre mon identité passée me fait mal (détacher le visage). Je suis entourée de gens mais je demeure seule (des gens courent autour de moi). Je m'épuise mais je ne sais plus vers qui me tourner pour trouver de l'aide. La petite fille en moi refait surface et demande protection.

Le deuil n'est pas que la tristesse d'avoir perdu quelqu'un qu'on aimait: c'est beaucoup plus grand, c'est beaucoup plus profond. Il est vrai que le besoin de se fermer est une réaction de survie légitime que le corps peut subir pendant une certaine période; il peut ainsi faire face à la souffrance et se cuirasser pour se protéger sans trop compromettre la vie.

Là où la vie commence à être menacée, c'est lorsque la personne endeuillée s'isole dans son deuil et se ferme aux autres, à Dieu, à l'Univers et à l'Amour. L'armure de protection se change en prison, étouffant peu à peu la vie au cœur de l'âme.

Rappelons-nous que s'il y a douleur, c'est qu'il y a eu amour, qu'il y aura toujours amour et que cet amour va continuer de vivre dans l'éternité. Se couper de notre propre douleur, c'est se couper de l'amour qui est en nous.

Même lorsque le décès est prévisible, lorsque ce moment arrive, la personne en deuil est en état de choc et accepte difficilement la disparition définitive de la personne aimée. Je me souviens que, dans les semaines suivant le décès de ma mère qui vivait dans la maison voisine de la mienne, j'avais le réflexe, tous les matins, de regarder par la fenêtre pour voir si les rideaux étaient ouverts comme si elle était toujours là! Comme elle le souhaitait, ma mère est demeurée chez elle jusqu'à la fin de sa vie. Toute sa grande famille a veillé sur elle et l'a accompagnée avec amour, jusqu'à ce que le cancer l'emporte après des mois de souffrance, en février 1987.

J'ai réalisé que, même lorsqu'on croit être prêt à accepter cette mort inévitable, lorsqu'elle se présente, on n'arrive pas à y croire. Une partie de soi s'y refuse. Cependant, au-delà d'un certain temps, nous devons reconstruire notre existence et trouver les outils pour y arriver. Notre survie en dépend!

En permettant aux émotions enfouies d'être libérées, le rêve contribue à notre guérison alors que des changements s'effectuent, la nuit, dans nos corps et notre conscience pour veiller à notre évolution et notre guérison. Le sommeil n'est pas un temps d'arrêt, et nous continuons à évoluer durant cette période où l'âme, libérée de son corps physique, peut accéder à un niveau de conscience plus élevé.

Chapitre 2

L'isolement

*L*a personne en deuil n'est généralement pas consciente de son attitude face aux gens qui l'entourent. Elle est dans sa bulle de tristesse, de souvenirs, de solitude, de peur, de souffrance qui la protège jusqu'à ce qu'elle soit apte à affronter la nouvelle vie qu'elle apprivoise jour après jour.

La solitude

Quelques mois après le décès de mon conjoint, alors que j'étais très dépressive, j'ai fait ce rêve.

Titre: *Éloge à la disparue*

> *Dans une église, assise sur un banc à côté d'une autre femme, j'écris un texte que je devrai lire aux funérailles de mon amie. Tour à tour des gens font l'éloge de la disparue.*

> *Le veuf parle d'elle en terme élogieux, mais je ne sens pas l'amour ou l'affection dans ses paroles. Il mentionne ses talents de jardinage, mais je ne comprends pas qu'il n'ait pas apporté de fleurs dans l'église qui est si froide et dénudée pour cette cérémonie de deuil.*

> *Je relis mon texte «Elle était amoureuse de la vie. Elle était la vie...»*

Sentiment final: *peine*

Une grande tristesse m'habite au réveil. L'amoureuse de la vie que j'étais est morte (amie décédée). Je dois reprendre possession de ma propre identité, de l'être unique que je suis pour redécouvrir les passions de la vie. Nul ne peut me reconnaître si ce n'est moi-même (j'écris l'éloge à la disparue).

En réécrivant mon quotidien, en vivant dans le moment présent, je me reconnecte à mon être, car mon âme réclame un éloge à la vie. Graduellement, ma souffrance se transformera en une douleur plus facile à supporter.

Dans notre société de plaisirs rapides, force est de constater que le deuil est un sujet tabou qu'on aborde difficilement et rapidement. On suppose donc que les émotions doivent être retenues pour ne pas bouleverser la personne en deuil. On évite d'en parler et on souhaite que la personne endeuillée ne nous prenne pas comme confident... on ne saurait pas quoi lui dire pour la consoler.

Pourtant, la personne en deuil ne s'attend pas à être consolée. Elle a juste besoin de sentir qu'elle est écoutée, aimée, acceptée, sans être jugée dans ce qu'elle vit dans cette période douloureuse de sa vie. Heureusement, les rêves compensateurs atténuent le sentiment de solitude et favorisent l'harmonie à l'intérieur de notre être. Les émotions vécues dans les rêves ont les mêmes effets bénéfiques que ceux vécus lorsque nous sommes éveillés.

Un soir où je me sentais très seule, juste avant de m'endormir, j'ai demandé à ma mère décédée de veiller sur moi et de mettre un peu de rires dans ma vie. Et j'ai fait ce rêve.

Titre: L'enfant aux baisers

Un jeune enfant prend mon visage dans ses mains et me donne plein de baisers durant de longues minutes, je ris. Je ne sais pas qui est l'enfant mais cela me rend très heureuse.

Sentiments finals: *amour et bonheur*

Au réveil, une sensation de bien-être immense et de paix m'habitait, et cette sensation est demeurée présente toute la journée. Mon rêve a satisfait le besoin d'affection et atténué le sentiment de solitude.

La solitude est parfois si grande que le besoin d'être touché devient intense au point de créer une souffrance physique. Le manque affectif domine toutes les pensées. On se dit que plus personne ne nous prendra dans ses bras, ne nous embrassera.

Parfois, si le besoin d'être touchée n'est pas comblé pendant une grande période de temps, la personne en deuil en vient à ne plus supporter les contacts physiques de crainte d'en être privée à nouveau ou de développer des attentes qu'elle sait ne pas pouvoir être comblées. On dit qu'un corps meurt de ne pas être touché, mais il y a des alternatives durant le processus de deuil qui peuvent aider grandement la personne en souffrance à garder le contact avec son propre corps.

Personnellement, des douleurs au niveau cervical, provoquées par le stress et occasionnant de violents maux de têtes d'une intensité telle que rien ne pouvait les apaiser, ont été soulagées puis éliminées grâce à la massothérapie. J'ai bénéficié de cet outil thérapeutique durant des années. Je peux donc affirmer que les massages ont contribué grandement au processus de guérison du deuil en me gardant relié à mon corps et par le fait même en me rattachant à la terre et à la vie. De plus, le massage favorise un meilleur sommeil. L'effet du massage se poursuit durant des heures et nos nuits n'en sont que plus riches alors que les rêves affluent. Le massage ne guérit pas, mais il aide le corps à se guérir lui-même.

Ma massothérapeute, Chantal, a suivi l'évolution de mon deuil, mois après mois, année après année. Tristesse, douleurs physiques, confidences, furent au rendez-vous. Sa compétence alliée au respect, à l'écoute attentive et à ses judicieux conseils, ont certainement contribué à ma guérison. Ces étapes franchies ont permis à la douleur physique de disparaître afin de laisser la place à la joie de vivre.

Après le choc de la mort de l'être cher, survient le déni. C'est une période de désorganisation car la digue est en train de céder et provoque l'effondrement.

Un an après le décès de mon conjoint, les rêves furent très révélateurs, me faisant réaliser que je vivais dans le passé et que j'étais très désorganisée par rapport à ma nouvelle vie.

Titre: La recherche du passé

Je veux rejoindre Pierre pour lui parler de quelque chose. Je me rends à l'endroit où nous avons vécu au début de notre relation. Je demande à la concierge de me laisser entrer. Elle me conduit dans un garage souterrain très vaste. Je dois passer sous une porte après avoir enjambé des échafaudages et des gallons de peinture. Je rampe sous une porte assez haute. Je ressors de l'autre côté de la porte, me relève, époussette mes vêtements et réalise qu'il y a une porte ouverte juste à côté. Surprise, je regarde la concierge!

Elle me dit que l'appartement que je cherche porte le numéro 40-Jean. Alors que je cherche le numéro d'appartement, j'arrive face à face avec Pierre qui reste surpris de me voir. Je luis dis «Tu n'es pas content de me voir?» Il répond «Bien oui, mais j'ai peur de t'avoir mise dans l'embarras! Tu m'as raconté des choses et je l'ai répété.» Je lui réponds que c'est sans importance.

Sentiments finals: *joie et calme*

Même si dans ce rêve, je ressens la joie de revoir mon conjoint, dans ma vie diurne, je vis dans le souvenir embelli du passé et du conjoint décédé. Alors qu'une porte est ouverte sur une autre vie, je ne la vois pas, car je ne vois que des obstacles à franchir.

La mort de l'être aimé provoque d'innombrables changements dans la vie de ceux qui restent et tout ce qui était familier prend un nouveau visage. L'idéalisation de la personne décédée est souvent un moyen d'éviter d'entrer en contact avec les émotions négatives (colère, culpabilité).

Si, par les rêves, nous identifions le problème, la solution ne tarde pas à surgir. En reconnaissant la source de nos malaises (peur, colère, rancune, frustration, peine, solitude), nous pouvons plus aisément identifier les issues possibles et orienter nos actions.

Nous découvrons alors qu'en faisant appel à une aide extérieure, en modifiant nos habitudes de vie et en favorisant des pensées positives par des lectures spirituelles et bienfaisantes, nous favorisons la guérison.

Plus que tout, la dimension spirituelle représente un univers infiniment paisible pour l'âme qui voyage durant le sommeil. Lorsque nous nourrissons notre âme, nous lui permettons d'évoluer et lorsque nous changeons, tout ce qui nous entoure évolue également.

Vient un moment dans le deuil où la relation à l'autre est en train de disparaître, et cette perte est inévitable car rien ne peut l'empêcher.

Titre: *La montée difficile*

Je suis dans une côte. Je fais de gros efforts en poussant un chariot. Je réussis à le pousser jusqu'en haut de la côte et à le stabiliser sur une surface plane. Je réalise que je ne peux pas aller plus loin. Il y a une voie ferrée et derrière celle-ci, une clôture. Je ne peux redescendre le chariot car il est trop lourd. En me retournant, j'aperçois environ un pied d'eau et j'entends des voix lointaines. Je cours alors que l'eau continue de monter.

Je vois deux hommes près de la sortie. L'eau a atteint une hauteur de quatre pieds, je vais me noyer (je ne sais pas nager). Je supplie les deux hommes de m'aider. L'un d'eux se met à plat ventre et me tend la main. Il réussit à me tirer hors de l'eau.

Sentiment final: *soulagement*

J'avance difficilement dans cette nouvelle vie (je pousse le chariot) et je ne peux pas revenir en arrière. Mais le flot de mes émotions (l'eau qui monte) m'empêche de trouver une issue positive. J'ai besoin de les libérer pour pouvoir avancer. Je réalise que je ne peux m'en sortir toute seule (je supplie l'homme).

Le deuil n'est pas une maladie, bien qu'il puisse être comparé à une blessure profonde. C'est l'ensemble des réactions d'ajustement, d'adaptation et de transformation essentielles qui nous amènent à vivre sainement et de façon autonome après le décès d'une personne significative[1], soit un conjoint, un enfant, un parent, un amant, un ami.

Pour éviter d'affronter la douloureuse réalité, certaines personnes se lanceront dans de nombreuses activités, courant de gauche à droite, tentant de s'étourdir pour ne pas penser et s'épuiseront inévitablement après un certain laps de temps. La

---

1. Suzanne Pinard, *De l'autre côté des larmes*, Éditions de Mortagne, 1997.

douleur qui est la source de cette fuite demeure au fond de l'être souffrant.

Alors que le mouvement de fuite est nettement visible chez certaines personnes, il en est autrement pour d'autres. Rien de l'agitation intérieure ne transparaît devant autrui. Elles demeurent calmes, posées, affichant parfois un vague sourire, se vidant ainsi du peu d'énergie qu'elles possèdent et éclateront en sanglots dès qu'elles se retrouveront seule avec elle-même.

Si la fuite est, pour un certain temps, protectrice, un jour ou l'autre nous sommes rattrapés dans notre chagrin. Parfois, un nouveau décès fait ressurgir un deuil non résolu, donc une souffrance enfouie que l'on traîne dans son corps et dans son âme depuis des années et qui est la cause de beaucoup de douleurs physiques et psychologiques non reconnues.

Lorsque ma mère est décédée des suites d'un cancer, après plusieurs mois de souffrance où j'ai senti toute mon impuissance, la vie a basculé pour moi.

Malgré la douleur, j'ai fait comme si j'allais bien et que la vie devait continuer. Supportée par mon conjoint, je me suis occupé de régler les démarches reliées aux funérailles que je voulais à l'image de ma mère, empreintes d'amour, de sérénité et d'espoir. Durant ces jours difficiles, comme une bonne marathonienne j'ai tenu le coup jusqu'au fil d'arrivée.

Après le repas qui a suivi les funérailles, je suis rentrée chez moi, j'ai revêtu la robe de chambre rose de ma mère et je me suis mise au lit. Durant trois jours, j'ai pleuré, j'ai dormi, j'ai refusé de parler à qui que ce soit, même à mon conjoint, et j'ai même développé une extinction de voix.

Trois jours plus tard, alors que mon conjoint attristé ne savait plus comment me rejoindre dans mon chagrin, je me suis levée, j'ai pris une douche, me suis vêtue et j'ai repris ma vie là où je l'avais laissée. Je croyais que j'avais fait mon deuil.

Quelques mois plus tard, malgré un état dépressif postraumatique diagnostiqué par mon médecin, je n'ai pas cru nécessaire de consulter un thérapeute du deuil et je crois bien que personne ne me l'ait suggéré à ce moment-là. Je croyais que j'allais m'en sortir toute seule, comme d'habitude. Et, longtemps j'ai cru que j'y étais parvenue!

Il semble bien qu'au décès de mon père, survenu à la suite d'un infarctus en 1983, quelques années avant le décès de ma mère, je n'aie pas compris non plus l'importance de prendre le temps de vivre ma peine.

Un deuil ignoré nous rattrape toujours. Et comme une plaie ou un membre blessé que nous négligeons de soigner, cette ignorance peut provoquer dans notre corps et notre esprit d'autres séquelles et causer des dommages beaucoup plus grands que si une intervention adéquate avait eu lieu lors de l'impact.

Ce n'est qu'après le décès de mon conjoint, dix ans après celui de ma mère, que j'ai accepté de libérer mes émotions avec un thérapeute du deuil et que je me suis donné le droit d'exprimer tous les mots enfouis au fond de mon être.

La libération de toutes les émotions constitue la phase la plus importante du travail du deuil. Car, ce ne sont pas les émotions qui blessent le corps humain, mais plutôt le fait de les ignorer.

Le corps en deuil

Si nous croyons que nous pourrons vivre notre deuil en étant «forts», en gardant le contrôle de nos émotions sans partager quoi que ce soit avec autrui, il est certain que jamais nous ne sortirons de notre souffrance.

Ma vie a été complètement bouleversée à la suite de la mort subite de mon conjoint. Une surprise totale qui m'a fait passer d'un état de bonheur à un état de stupéfaction, alors que tout mon monde s'est écroulé. Une partie de mon être veut exprimer la peine et le désarroi dans lesquels je vis depuis le décès, l'autre partie de moi-même me rappelle que je dois contrôler mes émotions.

Parfois, on ressent un sentiment de révolte, on se sent victime d'une injustice devant une situation angoissante dans laquelle on vit. Alors que la terre continue à tourner sans nous, on peut en vouloir à l'autre d'être parti alors que les projets élaborés à deux allaient se concrétiser

Titre: La colère

Je balaie le balcon arrière d'un logement que j'habite au deuxième étage. Un homme apparaît et demande si Pierre est là. Je réponds en souriant qu'il doit dormir encore. Il demande que je le réveille, car ils devaient aller pêcher ensemble.

Je suis surprise, car Pierre ne m'en a pas parlé, mais je garde ma bonne humeur. Nous entrons dans l'appartement, Pierre vient nous rejoindre. Nous sommes tous les trois autour de la table de la cuisine. Pierre dit à l'autre homme qu'il ne peut aller pêcher, car son frère Daniel doit venir le voir durant l'après-midi. Je le regarde surprise. Il ne m'en a pas parlé. Il poursuit en disant qu'une personne est morte. Je le regarde étonnée. Je demande: «Qui est mort?» Il ne répond pas. Il poursuit sa conversation avec l'autre homme. Je luis dis que j'aimerais

qu'on se parle seul à seule mais il m'ignore
(il poursuit sa conversation avec l'inconnu).
Je lui jette un regard meurtrier. Je suis très
en colère.

Sentiment final: *rage incontrôlée*

Je suis désagréablement surprise par
des événements hors de mon contrôle (visi-
teur imprévu, projets dont je suis exclue).
Et je me sens rejetée par l'homme que
j'aime (il m'ignore).

Par ce rêve, j'ai découvert que la grande
tristesse qui m'habitait depuis des mois ca-
mouflait une profonde colère que je ne me
permettais pas d'exprimer. La colère res-
sentie provient de tous les changements et
toutes les responsabilités que je dois as-
sumer et accepter suite au départ de mon
conjoint. Je vis beaucoup de frustration face
aux coups que la vie me porte car mes repères personnels et familiaux se sont effon-
drés.

Après le décès de Pierre, je suis demeurée fonctionnelle aux yeux de mon entourage et j'ai poursuivi mes activités
professionnelles. Cependant, en plus de

vivre un état dépressif, j'ai vécu un deuil physique. Durant des mois, j'ai éprouvé dans mon corps des maux que je n'avais jamais ressentis auparavant et qui étaient plutôt ceux subis par mon conjoint durant le cours de sa vie. Soit, des douleurs au dos à un endroit spécifique, des palpitations durant la nuit, de l'hypertension, des allergies printanières (à la même date) et de l'insomnie. Ces malaises ne duraient habituellement que quelques semaines. Ce n'est qu'après plusieurs mois que j'ai réalisé que j'avais vécu les maux de mon conjoint décédé.

La parade des malaises s'est arrêtée le jour où mon médecin, inquiète, m'a recommandé de prendre une médication pour contrôler mon hypertension. Malgré la grande confiance accordée à mon médecin, qui fut très à l'écoute de mes besoins durant ce deuil, j'étais très réticente à prendre des médicaments.

Je devais débuter la médication le lendemain matin. Avant de m'endormir, j'ai demandé à maman de m'aider à régler ce problème. Au réveil, j'étais dans un état de bien-être profond. Les malaises ont cessé définitivement, ma pression est redevenue normale et je n'ai pas eu à prendre les médicaments.

Les émotions et les sentiments ressentis en période de deuil ne suivent pas de schéma précis. C'est un peu comme les montagnes russes. La peur, la colère, la tristesse, le désespoir, cohabitent avec des périodes de fébrilité, de solitude ou de manifestation de grande énergie.

En demandant à la personne enfermée dans son mutisme (parce qu'elle n'arrive pas à sortir les mots bloqués dans son corps) de raconter ses rêves, on peut permettre la libération des émotions. En tant que baromètre intérieur, le rêve indique le niveau émotionnel de nos humeurs. La colère libérée durant la nuit est un indice des sentiments refoulés. «La colère est un oui profond à la vie quand tout le reste nous étouffe[1]».

1. Adele Wilcox, *Surmonter sa peine*, Éditions de l'Homme, 2000.

D'où l'importance de libérer les émotions enfouies qui nous habitent. Dans les rêves, nous pouvons laisser jaillir la colère, la tristesse, la peur, l'angoisse, le plaisir.

Les émotions refoulées laisseront place, peu à peu, à un sentiment de paix. Notre âme libérée remplira alors notre esprit d'images de tendresse, d'amour, de souvenirs, de plaisirs, de réconfort!

Les souvenirs

Lorsque les souvenirs surgissent sans préavis, nous pouvons les accueillir pour ce qu'ils sont: le souvenir d'une période heureuse de notre vie.

Titre: L'amoureuse

Je suis en voiture avec Pierre. Il tient ma main et nous sommes merveilleusement bien!

Mes mains caressent les cheveux d'un homme, de beaux cheveux poivre et sel, coupés courts. Je pense que ce sont les cheveux de Pierre.

Sentiments finals: *amour et plaisir*

Certains jours, tous nos sens nous ramènent au passé: la vue d'une photo, l'odeur d'un vêtement, une musique, un met favori, une silhouette familière!

Titre: *La danse du passé*

Je danse avec Pierre, tendrement enlacés. Il est beau et je lui dis qu'on devrait vivre ensemble à nouveau. Il répond que ce n'est pas possible. J'aperçois mon beau-frère, à l'extérieur, qui s'apprêtait à entrer et qui semble surpris de nous voir danser.

Sentiment final: *déception*

La mort interrompt un échange d'énergie entre deux êtres qui constituent une partie de soi-même. On ne dira plus et on n'entendra plus: «Je t'aime! Tu donnes un sens à ma vie! Je suis bien avec toi!»

Titre: *Seule sur terre et sur mer*

Je suis seule sur un bateau ponton sur un lac. Autour du lac, il y a des chalets et une plage remplie de gens. Je décide de rentrer au chalet et j'accoste le bateau.

À l'intérieur, je croise un homme en habit noir et chemise blanche. Je demande: «Tu n'es pas venu me rejoindre?» L'air désolé, il répond qu'il n'a pas eu le temps. Après avoir pris une douche, j'aperçois un autre homme nu très bronzé assis sur le bord du bain. On se regarde sans parler, il n'y a aucune communication entre nous. Un troisième homme en short et chandail est debout près de la fenêtre. Je lui demande d'aller chercher des choses sur le bateau et de vérifier s'il est bien attaché. Il ne m'écoute pas et a l'air de s'en ficher complètement. Il examine ses mains d'un air indifférent. Je décide de rentrer chez moi car je n'ai rien à faire ici. Je lui dis en m'en allant: «De toute façon, tout ce qui me concerne ne t'intéresse pas!»

Sentiments finals: *rejet, tristesse et solitude*

Je ne trouve pas ma place dans ma nouvelle vie, alors que l'ancienne n'existe plus (je suis seule sur mon bateau). Le lac, le bateau, le chalet, l'amour, le plaisir, la tendresse, la complicité à deux, la vie de famille, font partie de mon passé (les trois hommes reflètent la solitude dans laquelle je vis).

Le quotidien est pénible à vivre car il n'y a plus de stabilité. Le futur n'est plus possible avec la personne décédée et le présent est envahi de souvenirs du passé.

C'est pourquoi nous devons prendre conscience que la réalisation d'aujourd'hui, si faible et pauvre soit-elle, a mille fois plus de puissance pour nous aider que la plus vive réalisation d'hier!

C'est en nous reconnectant à l'être unique que nous sommes que nous pourrons trouver notre place, découvrir de nouveaux intérêts et rétablir la communication avec les êtres qui nous entourent.

Vivre dans le passé, c'est la mort. Il est donc essentiel de s'ouvrir aux autres pour s'ouvrir à la vie!

Un an et demi après le décès de mon conjoint, j'ai fait ce rêve.

Titre: Ne t'arrête pas, continue!

Je marche lentement dans une maison inconnue. Soudain, je vois un escalier qui mène au sous-sol. J'aperçois au bas de l'escalier un homme qui me tourne le dos, il est penché sur une table de travail. Il a les cheveux poivre et sel de Pierre. Je m'arrête au haut des escaliers pour lui parler. L'homme qui tourne la tête a le visage de Pierre. Il porte un manteau d'hiver et il est en train de réparer un objet. Nos regards se croisent, se fixent, mais le sien me dit «Ne t'arrête pas, continue!»

Je continue mon chemin calmement et je croise beaucoup de gens inconnus qui marchent lentement, le regard serein.

Sentiments finals: *calme et confiance*

J'ai mon propre chemin à suivre, des gens nouveaux à connaître, une vie à vivre. Mon conjoint me dit de continuer sans lui.

En changeant mes habitudes de vie, en recherchant des activités qui me conviennent et en m'ouvrant aux autres, je permets à la vie de prendre toute la place.

Le travail de deuil consiste aussi à faire la paix avec l'être qui est parti, en dépit des paroles non dites, des projets avortés, des conflits non résolus. Il faut pardonner à l'autre et se pardonner à soi-même pour avancer libre et apaisé dans la nouvelle vie, sans l'autre.

Chapitre 3

La transformation

*P*etit à petit, les changements s'opèrent. Le décès d'un conjoint se vit cependant différemment de celui d'un parent, d'un ami. La complicité et les habitudes de la vie quotidienne qui existaient dans la vie de couple rendent la séparation plus douloureuse et créent des manques.

Les rêves d'amour

Le corps en deuil a besoin d'amour. Il recherche ce sentiment que l'autre partageait avec lui, car faire l'amour n'est pas seulement un acte sexuel mais aussi une caresse de l'âme. Chez certaines personnes en deuil, le désir est exacerbé alors que chez d'autres, la libido sera complètement éteinte pour une période indéterminée.

Certains rêves m'ont dévoilé ce manque physique de la présence de mon conjoint. Les scénarios de nature compensatoire m'ont été d'un grand secours.

Titre: L'abandon

> *J'appuie ma tête contre la poitrine d'un homme vêtu d'un complet gris bleu, assis dans le grand fauteuil de son bureau (je ne vois pas son visage). Réticente, au début, je me laisse aller en soupirant. Je reste ainsi pendant près d'une demi-heure. Je suis tellement bien que le sommeil me guette. Finalement, je me redresse alors que ma main est glissée dans une belle main d'homme qui serre la mienne fermement.*

Sentiment final: *bien-être*

La solitude me pèse et la présence de mon amoureux me manque. Je me laisse aller et je reçois du réconfort.

Titre: *Le médecin tendre*

> *Je me rends chez mon médecin, un bel homme dans la quarantaine. Je lui parle de mes récents problèmes hormonaux. Je suis couchée sur la table d'examen. Le médecin s'étend à mes côtés, appuyé sur un coude. Nos regards se fondent l'un dans l'autre alors qu'il se rapproche doucement. On s'embrasse lentement, sensuellement puis passionnément! Le désir monte et je ressens des sensations de plaisir intenses.*

> **Sentiments finals:** *excitation, plaisir et sensualité*

Graduellement, j'accepte de laisser libre cours à mes désirs. Le rêve me permet de me transformer à mon rythme.

Les rêves sont précieux pour redécouvrir notre propre sensualité et favoriser la guérison et le retour à une vie normale où le plaisir retrouvera sa place.

Il n'y a rien de malsain à recevoir du plaisir en période de deuil. Les rêves ouvrent le chemin du plaisir sans gêne, sans censure, sans crainte du rejet, et nous conduisent à nouveau vers l'extase, à notre rythme, à notre manière, en toute confiance[1].

Les rêves favorisent cette ouverture en nous permettant de nous laisser aller en toute liberté. Les scènes de nature sensuelle nous reconnectent avec le plaisir et la jouissance.

Alors que des rêves empreints de tendresse et de douceur jailliront, d'autres rêves d'exploration, de fusion, d'extase, menant à l'orgasme combleront nos besoins. Grâce aux rêves compensateurs, l'équilibre affectif est préservé afin de maintenir l'harmonie intérieure.

Titre: L'amour sur la plage

Je suis assise sur la plage devant un très beau lac. Un homme costaud aux yeux bruns est assis derrière moi et m'entoure de ses jambes et de ses bras puissants. Il est très tendre et amoureux et il me couvre de baisers sensuels et gourmands.

---

1.   Nicole Gratton, *Les rêves d'amour*, Éditions Un monde différent, 2000.

Sous ses baisers et ses caresses, le désir me foudroie et j'y réponds passionnément. Nous roulons sur le sable et nos corps fusionnent, ne faisant plus qu'un. Je vis un grand moment de jouissance.

Sentiments finals: *plaisir et extase*

Les rêves de satisfaction démontrent un désir d'éprouver du plaisir, de vivre, de rire, de jouir. Les rêves d'amour sont des cadeaux précieux pour affronter le stress et les malheurs du quotidien. Ils permettent de découvrir la tendresse, l'érotisme, la passion. Ils embellissent nos nuits et stimulent nos jours.

En validant nos images nocturnes, nous découvrons qu'un pas est franchi dans le processus de deuil. S'il y a toujours un blocage vers une nouvelle relation, nous en découvrons la raison.

Les retrouvailles

Après des années de noirceur, enfin, je me sens bien et j'explore ma nouvelle vie avec beaucoup de plaisir. Cependant, le souvenir de mon conjoint est toujours présent et je désire être rassurée par rapport à sa nouvelle existence dans l'au-delà.

Dans le but d'apaiser mon inquiétude, je décide de pratiquer une induction de rêve. La technique consiste à formuler un postulat de rêve pour recevoir une réponse. Un postulat se construit avec un verbe d'action qui énonce la demande choisie: «Cette nuit, je vais...». Si le besoin est prioritaire, la réponse arrive la nuit même, sinon elle peut être retardée, ce qui fut le cas pour cette demande car le rêve s'est manifesté trois nuits plus tard.

Postulat: *Cette nuit, je vais rencontrer Pierre avec sa permission pour savoir s'il est heureux.*

Titre: Le rendez-vous

Je suis sur le trottoir, Pierre est derrière moi. Je décide de partir et de quitter Pierre. J'entre dans une grande maison inconnue, blanche, vide de tout meuble. J'ignore quelle sera sa réaction. D'une voix douce, je dis: «Combien de fois, j'ai voulu te quitter, cent fois?» Je me retourne lentement pour lui faire face. Il ne dit rien mais son regard est intense et suppliant. Aucune parole n'est dite mais je ressens vivement l'amour entre nous, le lien est très fort. Je suis calme et en contrôle de mes émotions.

Sentiments finals: *amour et bonheur*

Le sentiment d'amour qui m'habitait au réveil était aussi intense et réel que si Pierre avait été à mes côtés. Je n'ai jamais vécu une telle sensation d'intensité et d'amour dans aucun de mes rêves.

Ce rêve m'a beaucoup troublée et m'émeut encore lorsque j'y repense. Je l'ai analysé comme suit:

Ma vie avec Pierre est derrière moi. L'âme de mon amour poursuit sa route, peu importe où elle est rendue dans son évolution. Et moi, je dois poursuivre la mienne. Mais son amour m'accompagne, quel que soit l'espace ou le corps que son âme habite.

Curieusement, ce rêve m'a permis de mieux vivre et d'accepter la séparation nécessaire. Il m'a donné une énergie nouvelle. C'est en ayant la confirmation de ce lien durable que je me suis sentie libre. J'ai lâché prise!

Si la mort constituait la fin de tout, la vie serait dénuée de sens. Une force intérieure permet aux humains de concevoir un au-delà et de se sentir reliés à un pouvoir supérieur et même à une âme immortelle.

Dans le livre de Michael Newton, *Un autre corps pour mon âme*[1], on découvre que la certitude que nous sommes attendus dans un lieu rempli d'amour éternel nous rend plus réceptifs au pouvoir spirituel supérieur qui nous habite.

Les véritables réponses au mystère de la vie après la mort restent pour la plupart d'entre nous dissimulées derrière une porte qui ne peut s'ouvrir qu'en s'éveillant à la spiritualité.

La spiritualité est à l'intérieur de soi. Elle peut se définir comme une relation intime avec une Force de vie invisible, avec plus grand que soi, avec Dieu! Peu importe le nom que nous lui donnons, selon nos croyances, notre éducation, notre religion, cette force est omniprésente.

---

1. Michael Newton, *Un autre corps pour mon âme*, Éditions de l'Homme, 1996.

Il peut paraître étrange de s'interroger à savoir si une âme est heureuse dans son lieu d'origine. Mais l'homme que j'aimais était une «âme souffrante» malgré ses innombrables talents, ses nombreuses qualités de cœur et les cadeaux que la vie lui avait donnés et l'amour dont il était entouré. C'était un homme très exigeant pour lui-même et pour les autres, toujours à la recherche de la perfection.

Comme la majorité des gens, mon conjoint a eu peur de la mort toute sa vie sauf dans les dernières années, alors qu'il apprivoisait l'idée d'une autre vie après la mort. Pour ma part, depuis longtemps je suis convaincue qu'il existe un monde dans l'au-delà.

Je parlais souvent à Pierre de cette autre vie telle que je l'imagine et de mes parents décédés, qu'il aimait beaucoup et qui seraient là pour nous accueillir. Il me demandait alors: «Comment peux-tu le savoir?» Je répondais simplement: «Je le sais!»

Pour moi, les rêves avec Pierre ont confirmé que le lien d'amour qui nous unissait n'était pas brisé. Nos deux âmes réunies dans cette vie se sont retrouvées pour régler des situations non résolues dans des vies antérieures et pour évoluer ensemble dans celle-ci.

En acceptant de vivre pleinement cette relation unique et intense, je suis allée au bout de mon chemin avec l'âme de Pierre, dans cette vie. Chacun de nous a favorisé l'évolution de l'autre en lui permettant d'être ce qu'il devait être et en l'incitant à aller toujours plus loin dans sa transformation.

Dans les témoignages cités par Michael Newton[1], on découvre que les personnes qui viennent de mourir ne sont pas accablées par leur propre mort, car elles savent qu'elles reverront les êtres chers dans l'au-delà de même que dans des vies futures.

Par contre, ceux qui restent ont en général l'impression d'avoir perdu pour toujours la personne aimée. Le traumatisme émotionnel des vivants est parfois si

1.   Michael Newton, *Un autre corps pour mon âme*, Éditions de l'Homme, 1996.

envahissant qu'il peut inhiber complètement leur faculté de communiquer avec
l'âme des disparus.

Pendant notre sommeil, nous pouvons
partager des moments privilégiés avec les
personnes décédées qui vivent en perma-
nence dans l'au-delà. Les âmes désincarnées ont la capacité d'aider ceux qui, sur
terre, gardent contact avec l'univers spirituel. La mort ne brise pas notre lien avec
l'âme immortelle des êtres chers simplement parce qu'ils ont perdu leur corps
éphémère. Nous demeurons en constante
communication avec ceux que nous aimons
par le biais du rêve télépathique.

Lorsque qu'une personne en deuil voit,
dans ses rêves, des personnes décédées, au
réveil, elle peut ressentir un sentiment de
malaise, d'inquiétude. Elle peut se de-
mander: «Est-ce que je vais mourir? Est-ce
qu'ils sont venus m'annoncer que je vais les
rejoindre bientôt? Qu'est-ce que je dois
comprendre de ce rêve?» Même si, parfois,
le désir de les rejoindre s'est manifesté, la
peur s'imisce dans l'esprit du rêveur.

Même si je n'ai pas souvent demandé directement à rencontrer les personnes décédées, j'ai noté, dans mon journal de rêves, de nombreux rêves où ma mère, mon père et mon conjoint sont apparus.

Par contre, j'ai formulé, des centaines de fois, des demandes très précises à ma mère avant de m'endormir et durant le jour. J'ai toujours reçu des réponses, d'une façon ou d'une autre, notamment par de nombreux signes de jour. Bien qu'elle soit décédée depuis plus de seize ans, je sens toujours autour de moi sa protection.

Par exemple, j'ai requis son aide pour la vente de ma maison à une date bien précise. J'ai fait une autre demande pour l'achat d'une nouvelle résidence dans un secteur choisi et à une date tout aussi précise. Les deux souhaits formulés dans un court laps de temps ont été exaucés.

Dans les moments de découragement, je faisais appel à elle pour me donner un coup de pouce, retrouvant ainsi l'espoir. Mon cœur était moins lourd. Cependant, même si j'ai souvent obtenu des réponses à mes demandes, elles n'ont pas toujours été celles que j'attendais!

Six mois après le décès de mon conjoint, découragée, j'ai demandé à ma mère de m'aider à me libérer de toutes les choses non nécessaires dans ma nouvelle vie et qui me maintenaient dans le passé. Je ressentais, alors, le besoin de faire le vide autour de moi.

Quelques jours plus tard, en rentrant du travail, j'ai trouvé la deuxième porte d'entrée ouverte. J'ai cru que, dans ma grande distraction, j'avais oublié de la fermer le matin. En avançant dans la maison, à ma grande stupeur, j'ai réalisé que j'avais été cambriolée! Ce fut un autre choc pour moi déjà vulnérable.

D'autant plus que parmi tous les objets volés, il y avait un article très significatif qui me retenait encore fortement au souvenir de Pierre. Un téléviseur programmé où apparaissaient quelques mots sur l'écran, chaque fois qu'on l'allumait. Ces mots étaient: «Je t'aime, ma chérie!»

À plusieurs reprises avant le décès de Pierre, je lui ai demandé d'éliminer le message qui restait affiché sur l'écran durant quelques secondes. Je souhaitais qu'il le fasse disparaître ou tout au moins qu'il en change le contenu. La veille de sa mort, en voyant le message apparaître, je lui ai jeté un regard lui rappelant qu'il n'avait pas encore changé le message et il m'a souri sans rien dire.

Le matin du 9 janvier 1998, il a regardé les nouvelles à la télévision pendant que je dormais et c'est en montant les escaliers qu'il s'est effondré. Durant cette journée fatidique, j'ai fermé machinalement le téléviseur, et ce n'est que quelques jours plus tard que j'ai réalisé que le message était changé. Alors j'ai compris qu'il avait remplacé le message précédent «Je t'aime, mon amour!» par «Je t'aime, ma chérie!» quelques minutes seulement avant son décès. Je crois qu'il venait me dire qu'il avait changé le message lorsqu'il a été foudroyé dans l'escalier.

Et tous les jours depuis son départ, je me suis accrochée à ces mots comme à une

bouée de sauvetage. Mais avec le cambrio-
lage, le téléviseur a disparu et les mots
d'amour aussi... Et je crois que c'est ce qui
pouvait m'arriver de mieux!

Plus tard, en blagues, j'ai dit à ma
sœur que maman n'avait pas compris ma
requête lorsque je lui ai demandé de me libérer de tous ces articles qui me retenaient
au passé. Mais je sais, au contraire, qu'elle
avait très bien compris ce dont j'avais besoin pour évoluer dans mon deuil.

Elle a veillé sur moi, encore une fois,
d'une façon très évidente un an et demi environ après le décès de mon conjoint. J'oc-
cupais alors le même emploi depuis sept
ans dans un ministère provincial.

Un jour, à ma grande surprise, alors
que je ne pensais pas à changer d'emploi,
j'ai été approchée pour un poste dans un
autre ministère, dans un milieu de travail
tout à fait différent de celui où j'évoluais. Le
moment de surprise passé, je me suis dis:
«Pourquoi ne pas aller voir, je n'ai rien à
perdre!»

La personne qui m'a approchée pour cet emploi m'a raconté que le matin même, alors qu'elle roulait en voiture sur le pont Jacques-Cartier et qu'elle cherchait la personne qui pouvait combler ce poste, c'est mon visage qui lui est apparu. Une heure plus tard, elle se présentait dans mon bureau pour me proposer cet emploi.

Le matin du jour fixé pour l'entrevue pour ce nouveau poste, j'ai demandé à maman: «Si cet emploi est pour moi, fais en sorte que je ne ressente aucun stress durant l'entrevue et que je me sente parfaitement à l'aise!» J'ai passé l'entrevue sans une once de stress et on m'a offert le poste.

Ce fut pour moi un changement radical auquel je me suis adaptée très facilement. Ce nouveau défi m'a obligée à sortir de ma coquille, à créer un autre réseau de contacts et à faire de nouveaux apprentissages. J'ai donc apporté dans ma vie des changements majeurs qui se sont avérés salutaires.

Je considère que ce fut un des nombreux cadeaux que m'a fait la vie par l'entremise de ma mère et de mon Dieu.

J'éprouve toujours le sentiment d'être protégée et que je ne suis pas seule. Cette conviction m'aide à traverser les nombreuses étapes que je dois franchir pour avancer sur mon chemin de vie.

Ce qui importe dans les moments où nous avons l'impression que le monde s'écroule sous nos pieds, c'est de garder un calme intérieur qui nous rend réceptifs aux signes des personnes de l'au-delà mais aussi aux manifestations des personnes vivantes qui nous entourent.

Environ un an et demi après le décès de mon conjoint, alors que les vacances d'été approchaient et que je ressentais davantage ma solitude, j'ai fait ce rêve.

Titre: *Papa et maman à la maison*

Je suis dans la maison de mon enfance. Maman est assise à la table de la cuisine et papa lit son journal dans un fauteuil. Je suis très contente de les voir. Je demande à Maman si elle veut partir en vacances avec moi pour une semaine. Je suis excitée à l'idée de ces vacances avec elle. Je la regarde en souriant, espérant qu'elle accepte. Elle est belle, elle me sourit mais ne répond pas.

Sentiments finals: *excitation et bonheur*

J'ai besoin de me sentir aimée, protégée (maison de l'enfance, parents, souvenirs du passé) pour compenser la solitude, la vie sans joie, l'absence d'affection. Je demande un répit (vacances) pour continuer à avancer (désir de la présence de maman).

Le rêve télépathique dans lequel une personne décédée nous apparaît bien vivante a pour but de nous rassurer, de combler notre solitude et de nous donner confiance en nous-mêmes. L'âme de cette personne vit en paix et désire que nous le sachions.

Titre: Papa peinture en rose

Je marche sur la rue de mon enfance en direction de la maison de mes parents. En entrant, je remarque deux escabeaux dans l'entrée et les murs frais peints en blanc.

Papa peinture la cuisine avec une autre couleur. Il me regarde en souriant et me dit

«J'ai peint les murs rose pâle, aimes-tu cela?» *Il a l'air jeune et heureux.*

Sentiments finals: *amour et bien-être*

Je me sens aimée, supportée et réconfortée (papa m'aide). J'avance dans la vie avec optimisme et je me sens moins seule. Mon corps émotionnel se reconstruit, le processus de guérison est commencé (peinture en rose). Le sentiment de bien-être au réveil confirme que je suis sur la bonne voie.

Le blanc est une couleur porteuse de guérison, de pureté, de spiritualité. La couleur rose décrit les émotions. Depuis deux nuits, je dormais très mal et je me réveillais au matin avec des palpitations. Après ce rêve, les palpitations ont disparu.

Lorsqu'on sent l'amour autour de soi, la confiance renaît et l'espoir qui en découle permet de faire un petit pas de plus.

Titre: *Le coup de main de Pierre*

Je retourne chez moi après le travail. Je stationne la voiture devant une belle maison en briques blanches. Je déverrouille la porte d'entrée de la nouvelle maison quand je réalise que la voiture recule dans la rue. Je cours pour la rattraper alors qu'elle traverse les trois voies.

Pierre apparaît soudainement devant moi! Je lui explique la situation. On cherche la voiture des yeux mais elle a disparu. Tout ce qu'on voit, ce sont d'immenses bancs de neige.

Soudain, j'aperçois la voiture à l'envers sur un gros banc de neige de l'autre côté de la rue (c'est une belle voiture sport rouge). Pierre la soulève et la remet sur ses roues. Nous l'examinons et il n'y a aucun dommage.

Sentiments finals: *calme, complicité et protection*

Le sentiment d'être aimée et protégée me donne confiance en moi et en la vie (Pierre veille sur moi). Je suis prête à ouvrir les yeux sur des activités nouvelles qui viendront combler peu à peu le vide de mes jours. Ce rêve est également un rêve de transformation (la maison et la voiture neuves). Pierre m'aide à adopter une nouvelle conduite dans ma vie (il replace l'auto.)

Le lien unique qui nous unissait demeure intact et j'ai la conviction qu'il ne sera jamais rompu si tel est notre désir. Chacune des personnes décédées, lorsqu'elle se manifeste, répond à mes besoins et me guide dans mon évolution.

Personnellement, je suis convaincue qu'il n'y a pas de crainte à avoir lorsque les personnes décédées viennent nous visiter dans nos rêves. Elles ne se manifestent jamais pour nous effrayer mais plutôt lorsqu'elles sentent que nous avons besoin de réconfort, d'amour, de protection, et par leur présence aimante, nous ressentons un bien-être qui nous accompagnera tout au long de la journée si nous savons le reconnaître et l'accepter.

Quand notre vie terrestre prend fin, nous quittons notre corps physique et nous allons sur un autre plan. Nous nous endormons ici, pour nous réveiller de l'autre côté sans notre corps physique mais enrichi de la connaissance que la mort n'était qu'une illusion.

Durant le sommeil, notre âme quitte temporairement notre corps et reste reliée à celui-ci par une corde d'argent. Ce n'est que lorsque la corde d'argent se rompt définitivement que l'âme quitte le corps pour retourner dans son royaume. C'est comme imaginer un cerf-volant qui flotte au bout de la ficelle[1].

Durant le sommeil, nous abandonnons notre personnalité diurne pour accéder à notre Moi véritable, l'âme illimitée, invincible et immortelle. L'âme ainsi ressourcée, nous reprenons des forces intérieures pour affronter la vie et ses défis quotidiens.

L'amour est un source inépuisable où l'on peut s'abreuver d'espoir lorsqu'on est dans la noirceur. Les rêves télépathiques contribuent à nous donner cet espoir alors que nous nous sentons aimés et supportés.

---

1.   Dr Emmet Fox, *Le pouvoir par la pensée constructive*, Librairie Astra, Paris, 1975.

Chapitre 4

La renaissance

*A*lors que la souffrance permet de découvrir la face cachée de notre être en
révélant toute sa beauté, son immensité et
sa force, c'est l'espoir qui permet de traverser des épreuves, de survivre à l'insoute-
nable et de trouver au fond de soi des
ressources insoupçonnées.

Les rêves d'espoir

Trois ans après le décès de mon conjoint, j'ai fait ce rêve.

Titre: *Le nouveau chemin*

> *Je suis au milieu d'un immense terrain re-*
> *couvert de neige blanche immaculée. Il n'y a*
> *aucune piste, aucun chemin tracé. Je dois*
> *enfoncer mes pas dans la neige pour tracer*
> *ma route.*
>
> *Je regarde ma fille et je me dis qu'elle ne*
> *pourra jamais me suivre, la neige est plus*
> *haute qu'elle. Je l'accepte et je continue d'a-*
> *vancer dans la neige blanche pour tracer ma*
> *route.*

Sentiment final: *acceptation*

Je suis devant un nouveau chemin que je dois tracer moi-même et où tout est possible (neige blanche, aucune piste). Le passé douloureux est derrière moi et je ne marche plus dans les traces d'avant. Même ma fille ne peut me suivre dans ce cheminement profond (neige plus haute qu'elle), mais je l'accepte!

Lorsque le travail de deuil progresse, nous sommes animés d'une nouvelle énergie et tout notre être s'illumine. Et un jour, on réalise que le «Je» remplace le «Nous» alors qu'on se donne le droit d'exister sans l'autre. On découvre une nouvelle autonomie et une nouvelle indépendance.

Titre: *Le camion de pompier*

> *Je me rends chez ma fille. La route est blo
> quée par des camions de pompier et je ne
> peux pas passer. Je réussis à trouver un es
> pace pour me faufiler. Je monte sur le siège
> d'un des camions. Je touche presque le ciel et
> je sens le vide autour de moi car il n'y a pas
> de portières. Je dois reculer le camion, je n'ai
> pas le choix si je veux avancer. Il y a beau
> coup de manettes et de boutons et je n'y con
> nais rien.*

> *Deux pompiers, dans les autres camions, me
> disent de ne toucher à rien, qu'ils vont le re
> culer pour moi. Ils m'aident à descendre et je
> n'ai pas peur. Ils prononcent mon nom,
> doucement, en m'aidant à descendre. Je me
> sens bien et rassurée.*

Sentiments finals: *bien-être et joie*

Je fais preuve d'audace (monter dans
le camion) et je reprends confiance en moi.
Je suis prête à relever des défis de plus en
plus grands (toucher presque le ciel). Mon

ascension ne me fait pas peur. J'ai confiance en la protection divine (deux pompiers).

Tous les sentiments positifs éprouvés durant la nuit (courage, audace, enthousiasme, joie, amour, plaisir, émerveillement) nous redonnent confiance en nous et sèment l'espoir d'une vie plus heureuse et valorisante.

Le lâcher-prise

En lâchant prise, nous ne transformons pas ce qui existe, du moins pas directement, mais c'est nous qui nous transformons. Et lorsque nous nous transformons, c'est tout notre monde qui évolue, car le monde n'est qu'un reflet de nous-même.

Lorsque nous vivons dans le moment présent, nous accueillons la vie et tout ce qu'elle nous offre. En laissant mourir le passé et en lâchant prise sur ce que nous ne pouvons changer, nous suivons le courant de la vie plutôt que d'y résister. Et le seul moment où nous pouvons sentir ce courant, c'est dans l'instant présent.

Lorsque le projet d'écriture sur le deuil a germé dans ma tête, il y a près d'un an, j'ai fait ce rêve.

Titre: *La femme sur l'eau*

Alors que je parle avec des gens, sur le bord du fleuve, je vois le corps d'une femme flotter sur des grosses vagues, au milieu du cours d'eau. La femme a de longs cheveux noirs et porte une jupe longue bleu pâle et une blouse blanche. Elle semble dormir paisiblement sur un matelas de vagues, son bras droit allongé au-dessus de sa tête.

Mon regard est constamment attiré vers elle pendant que je poursuis ma conversation avec les autres personnes. Je pense qu'elle est morte et finalement je demande: «Comment se fait-il qu'elle ne coule pas?» Personne ne peut me répondre.

Soudain je vois la jeune femme qui marche lentement sur l'eau dans la direction opposée à nous.

Sentiment final: *soulagement*

Je ne suis plus submergée par le flot de mes émotions (je n'ai pas coulé). Je me laisse porter et bercer par le courant de la vie (la femme flotte). Je m'abandonne et je fais confiance à la vie. J'avance lentement mais avec assurance dans cette nouvelle vie, en tournant le dos au passé (avancer dans la direction opposée).

Nous sommes les créateurs de notre vie, nous pouvons choisir de vivre dans le passé ou dans l'instant présent. Nous ne pouvons revenir en arrière et les regrets ne mènent nulle part si ce n'est de nous inciter à ne pas refaire les mêmes erreurs.

Vivre dans le moment présent, c'est aussi prendre le temps chaque jour d'écouter une chanson, de marcher près d'un cours d'eau, de lire un poème, de regarder une image inspirante, de lever les yeux vers le ciel pour admirer les nuages ou le coucher de soleil, de prononcer des paroles aimables ou de sourire à quelqu'un!

Dans *Mettre en pratique le pouvoir du moment présent*[1], on peut lire ce texte:

---

1. Eckhart Tolle, *Mettre en pratique le pouvoir du moment présent*, Éditions Arianne, 2002.

«Lorsque vous lâchez prise face à ce qui est et que vous devenez donc totalement présent, le passé perd tout pouvoir. Le royaume de l'Être qui était masqué par le mental se révèle. Tout d'un coup, un grand calme naît en vous, une insondable sensation de paix. Et au cœur de cette paix, il y a une grande joie. Et au cœur de cette joie, il y a l'amour. Et au cœur de tout cela, il y a le sacré, l'incommensurable. Ce à quoi on ne peut attribuer de nom.»

Le deuil nous oblige à entrer au plus profond de notre être, à revoir toutes nos valeurs, nos certitudes et nos croyances. Il nous renvoie aussi à notre propre solitude que nous avons dû apprivoiser. Nous en ressortons inévitablement changés, pour le meilleur ou pour le pire.

Les rêves peuvent fournir des indices sur les activités à rechercher pour une meilleure connaissance de soi et une ouverture aux autres. Ils permettent d'ouvrir une porte sur l'avenir rempli de promesses et de refermer celle qui représente un passé douloureux.

«Il y a beaucoup de sentiers dans le monde, certains élevés, d'autres rebattus. Il ne nous revient pas de décider si tel sentier est noble ou non mais il nous revient d'emprunter notre sentier avec noblesse![1]»

Souvent nous sommes éblouis par la lumière des héros et des saints alors que nous devons apprendre à nous en remettre à la petite flamme qui nous a été donnée et apprécier la lumière que nous pouvons diffuser sur la vie de nos proches.

Dans un deuil, les rêves se transforment selon notre évolution. Ils accompagnent, ils rassurent, ils ouvrent la voie vers la nouvelle vie. Ils sont le reflet de nos jours et nous n'avons pas à craindre les images de la nuit car les rêves sont nos amis.

J'ai fait le rêve suivant à mi-chemin de mon projet d'écriture *Rêves et Deuil*.

Titre: Rencontre sur le quai

J'attends, accompagnée de ma sœur, une navette qui doit nous emmener au métro.

---

1. Ken Nerburn, *Les grâces de l'instant*, Éditions du Roseau, 1999.

Quatre navettes s'arrêtent. Nous cherchons deux places libres et nous montons dans l'une d'elles. Ma sœur prend une des deux places libres. Alors que je veux prendre la deuxième place, une femme, montée après moi, l'occupe déjà à moitié. Je lui laisse la place.

Je demeure seule sur le quai et j'attends patiemment l'arrivée d'une autre navette. Je réalise que le billet que j'ai en main n'est plus valide. Je devrai en acheter un autre. Une navette s'arrête. Un bel homme marchant avec une béquille en descend. Je suis surprise car je le reconnais. Nous engageons la conversation avec plaisir car nous sommes heureux de nous revoir.

Sentiment final: *plaisir*

Patiemment, je prends ma place dans l'existence (je refuse une demi-place). L'ancienne vie ne me convient plus (le billet n'est plus valide). Je manque encore d'assurance (l'homme porte une béquille), mais je m'ouvre aux autres (je communique avec plaisir).

Guérir d'un deuil, c'est aussi accepter de réintégrer le monde et accepter ce qu'il a à donner mais surtout, accepter d'ouvrir la porte de son cœur et s'ouvrir à l'amour de Dieu, de soi et des autres. Et ce monde dans lequel nous évoluons porte alors l'empreinte de nos paroles, de nos gestes, de notre amour.

Chapitre 5

La guérison

L'étape suivante de la transformation arrive enfin. C'est celle de la guérison. Cette étape s'amorce par une période de purification pouvant être identifiée par certains rêves.

Les rêves de purification

Les rêves de purification sont une confirmation de notre ménage intérieur. Ils permettent à l'énergie divine de circuler librement afin de laisser jaillir notre pouvoir créateur[1].

---

1. Nicole Gratton, *Les rêves, messagers de la nuit*, Éditions de l'Homme, 1998.

Titre: La purge

Je suis dans une grande salle de bain. Tout est blanc. Je ferme la porte, mais je ne suis pas certaine qu'elle soit verrouillée. Assise sur la toilette, j'élimine sans arrêt. Lorsque je pense que c'est fini, ça recommence. Il n'y a presque plus de papier hygiénique.

Une dame âgée entre. Elle parle sans arrêt et ne fait pas attention à moi. Je me lève en me disant que ça va finir par s'arrêter. La vielle dame tire la chasse d'eau.

Sentiment final: gêne

De jeter les souvenirs du passé m'a libérée (j'élimine). Je ne peux pas renier l'ancienne personne que j'étais (dame âgée), mais je peux changer mes vieilles façons de penser et mes anciennes habitudes de vie (tirer la chasse d'eau), afin de favoriser ma guérison.

Les rêves d'élimination sont des étapes de guérison dans notre parcours d'éveil spirituel. Il est essentiel de guérir du passé pour bien vivre le présent. En choisissant de vivre différemment, en rejetant tout ce qui entrave notre guérison et notre évolution personnelle et spirituelle, nous favorisons les changements nécessaires à notre guérison. Nous dégageons l'espace nécessaire pour accueillir les cadeaux de la vie.

Lorsque nous disons oui à la vie, nous devons nous donner toutes les chances de reconstruire notre existence, en procédant à un grand nettoyage! Le nettoyage des biens ou des gens qui encombrent notre espace de vie et drainent notre énergie.

Alors que certaines personnes détruiront ou donneront tout ce qui rappelle la personne décédée dans les jours suivant le décès, d'autres mettront des années à se départir des effets de l'être aimé.

Titre: *La lumière*

Je suis dans une immense pièce où il y a plusieurs armoires. Tout est blanc même les portes d'armoires. La pièce est très éclairée.

Une dame âgée me demande de vérifier si toutes les ampoules électriques fonctionnent. Elle doit mettre le commutateur en fonction et je dois lui dire si les lumières sont allumées ou pas. Je constate et je lui dis que toutes les lumières fonctionnement. La vieille dame insiste d'une voix impatiente comme si je n'avais pas répondu à sa question. Je regarde à nouveau la lumière allumée au-dessus de la porte de sortie et je vois que toute la pièce est éclairée.

Sentiments finals: *aisance et calme*

Je me sens guidée vers une lumière nouvelle (toute la pièce est éclairée). Ma vie intérieure est grande et il y a beaucoup de spiritualité (tout est blanc). Ma conscience voit le divin partout malgré mon ancienne manière de penser et mes doutes (attitude de la vieille dame).

Les rêves de guérison

Les rêves de guérison sont porteurs de profondes transformations et ils rétablissent l'harmonie. On les reconnaît par des scènes de bonheur dans une nature florissante ou luxuriante ou par des scènes amoureuses qui suggèrent tendresse et fusion. Ou encore par des immeubles en construction ou rénovés, des voitures neuves.

Titre: *Le jardin luxuriant*

Je console un homme qui a perdu sa femme. Je le prends dans mes bras. Il finit par s'abandonner et pleure en criant le nom de sa femme. Je le garde serré contre moi, debout, jusqu'à ce qu'il s'apaise. Je me sens tout à coup très tendre, j'ai le goût de l'embrasser sur la joue, je n'ose pas. Je vois son épaule nue et j'y pose mes lèvres doucement. Elle ressemble à l'épaule de Pierre.

Plus tard, je revois cet homme, il m'invite à souper chez lui. En arrivant je découvre un décor fabuleux. Devant la maison entourée d'arbres et de fleurs, il y a la mer.

Je monte les marches pour entrer dans la maison. Je suis intimidée et je ne veux pas l'effaroucher. Je dis à l'homme qu'il a une maison magnifique et lui montre le jardin de fleurs superbes que nous admirons ensemble.

Sentiments finals: *éblouissement et ravissement*

Ma partie féminine et maternelle a besoin de prendre soin de l'autre (je console l'homme). La tendresse, le réconfort, les repas partagés que je vivais avec mon amoureux me manquent (j'accepte l'invitation à souper). Malgré tout, j'aspire à la vie, à la renaissance. Mon âme libérée durant la nuit se retrouve dans son univers divin et guide mes pas vers la guérison (je monte les marches). Ce sont des images inspirantes qui provoquent un état d'harmonie et de paix (la mer, la végétation superbe).

Dans le deuil, après les moments de noirceur, on ose enfin choisir la Vie! On s'accorde, alors la première place, peut-être pour la première fois dans notre existence.

Titre: *Le soleil sur le lac*

Je cours devant une rangée de chalets jumelés les uns aux autres. Ils sont vitrés et les portes sont ouvertes. Je sais que dans l'un d'eux, habite un ex-amoureux.

Au bout de cette rangée de chalets, j'aperçois le soleil qui darde ses rayons au-dessus du lac.

Je suis entourée de verdure et je me sens libre. Le cœur joyeux, je continue ma course vers le lac.

Sentiment final: *liberté*

Le passé est derrière moi (ex-amoureux). Je suis habitée d'une énergie nouvelle. Je me sens libre et j'apprécie les beautés de la vie (la nature, le soleil).

C'est le moment dans notre vie où l'on doit prendre soin de soi, être à l'écoute de soi, se donner le droit de libérer ses émotions pour reconnaître l'être libre, unique, illimité et lumineux que nous sommes.

Par les petits plaisirs que nous nous accordons, nous jetons un baume sur notre cœur. S'offrir un livre, des fleurs, une plante, un massage, un repas avec un ami, ce sont des moments que nous nous accordons parce nous sommes bons avec nous-mêmes.

Lorsque le sommeil nous emporte, les exigences contraignantes disparaissent et nous pouvons accueillir les douces folies qui ramèneront le rire dans notre vie. Nous rions durant le rêve ou au réveil car les images oniriques nous divertissent et illuminent nos nuits d'humour et de gaieté. Derrière des scénarios loufoques, nous découvrons de grandes vérités. Soyons ouverts et nous identifierons les précieux cadeaux de nos messagers de la nuit.

Chapitre 6

La réalisation

$\mathcal{A}$près la période de guérison du deuil, nous arrivons enfin à l'étape de la réalisation. Nous pouvons passer à l'action pour actualiser de nouveaux projets de vie. Les rêves nous y préparent en nous dévoilant notre nature divine, celle qui agit au lieu de subir.

Les rêves spirituels

Malgré notre essence divine nous sommes imparfaits dans notre nature humaine. Nous sommes des êtres spirituels venus vivre des expériences humaines.

Nous vivons dans deux univers, l'un spirituel et l'autre matériel et c'est notre mission de voyager de l'un à l'autre pour permettre à l'être divin que nous sommes d'évoluer, d'acquérir de nouvelles connaissances et de communiquer avec les âmes qui nous entourent et ce, dans les deux univers.

Dans une période, où j'avais besoin de réconfort, j'ai fait le postulat suivant:

Postulat: *Cette nuit, je rencontre de nouveaux amis.*

Titre: *Les nouveaux amis*

Tôt le matin, je sors faire du jogging. Soudain, je suis assise dans une grande voiture. Je ne touche pas le volant mais je conduis dans le noir total alors qu'il n'y a pas de lumière dans la voiture ou de lumière dans la rue. Je ne suis pas inquiète.

Je suis vêtue légèrement. Je n'ai pas de bourse ni aucune carte d'identité. Sans être inquiète, je pense que je devrais me dépêcher d'entrer chez moi avant d'être arrêtée sans permis de conduire.

Soudain je me retrouve debout devant chez moi. L'édifice est remplacé par un immense complexe où il y a un jardin magnifique avec des fleurs, des plantes et des arbres immenses. J'aperçois des gens bien habillés, assis confortablement dans de grandes chaises ou marchant dans le jardin. Je suis surprise, il est 7 h du matin.

Une belle femme de soixante ans environ, très élégante, me lance: «Quelle belle journée!» accompagné d'un magnifique sourire. Je pense que ces gens doivent partir faire une activité de groupe.

Sentiments finals: *bien-être et étonnement*

J'ai vécu une période de noirceur (voiture dans le noir) où je me suis dépouillée de mon identité (sans bourse ni papier d'identité, peu de vêtements). En gardant confiance en la protection divine, j'atteins un autre niveau d'évolution (le jardin luxuriant) et je découvre un monde d'abondance (belles personnes, décor enchanteur).

Les rêves spirituels sont des relais santé qui entretiennent la vitalité intérieure nécessaire pour affronter les défis du quotidien[1]. Ces rêves proviennent des besoins de l'âme. En validant leur nature spirituelle, nous découvrons notre potentiel illimité et favorisons notre évolution intérieure.

J'ai fait le rêve suivant, deux ans après le décès de mon conjoint, alors que j'aspirais à une paix intérieure.

Titre: L'église silencieuse

> J'entre dans une belle église, très grande, qui ressemble à la Basilique Notre-Dame. Je regarde les gens, ils portent tous des manteaux et des chapeaux d'une autre époque.
>
> Toute l'église est en magnifique bois doré: les plafonds, les murs, les planchers. C'est extrêmement silencieux: il n'y a aucun son de voix ou de musique. Cela ressemble à une salle d'exposition.

---

1. Nicole Gratton, *Rêves et Spiritualité*, Éditions Le Dauphin Blanc, 2003.

C'est comme si l'église était devenue un théâtre où les gens circulent en silence. L'atmosphère est calme, les gens ont l'air serein. Je trouve cela excessivement beau! Je me dis que je devrais habiter dans ce quartier pour pouvoir me rendre régulièrement dans cet endroit.

Sentiment final: *paix*

Mon âme visite un monde spirituel (église) et répond à mes attentes de retrouver la paix et le calme intérieur (silence). Les images du passé (vêtements d'une autre époque) qui me font voyager dans le temps éveillent de beaux souvenirs. La sérénité qui se dégage des lieux m'apaise et m'enveloppe d'un sentiment de paix.

Dans les rêves, les images de nature prophétique ou des scènes représentant le passé ne sont pas rarissimes puisque notre âme n'est pas limitée dans l'espace temps et peut donc voyager dans le passé, le présent et le futur.

Nous savons que nous visitons la dimension spirituelle lorsque nous reconnaissons certains symboles. Parmi ceux-ci, il y a les sons (voix cristalline), la lumière (lieux très éclairés), des endroits sacrés (église ou temple), des guides, un décor enchanteur, un lieu paisible, une musique harmonieuse.

L'autre indice qui ne laisse aucun doute que nous avons voyagé dans la dimension spirituelle est l'émotion finale qui nous envahit, soit un immense sentiment de paix, de bien-être, de liberté, de sérénité, de joie, de plénitude ou d'émerveillement et qui nous habite encore durant le jour.

Nous évoluons en période de deuil, la force divine nous aide et les rêves permettent d'accélérer le processus de changement.

Nous pouvons, si nous le désirons, provoquer des nuits inspirantes par la méditation, la contemplation ou des lectures ressourçantes afin de favoriser l'élévation de l'âme.

Nous pouvons approfondir nos connaissances spirituelles par la lecture d'ouvrages portant sur le sujet, les échanges avec notre entourage et les nombreuses conférences qui s'offrent à nous. Les rêves spirituels, par leur contenu, peuvent changer notre vision de la vie car nous nous sentons stimulés, rassurés, comblés. Ils nous permettent de devenir un être meilleur et confiant de son potentiel divin.

Les rêves d'action

Lorsque nous sortons enfin du deuil douloureux, la vie nous offre une perception nouvelle. Le mot vivre retrouve tout son sens, puisque à un moment donné dans ce deuil, on a dû choisir de vivre ou de mourir. Il y a un moment où on s'est dit: Je continue ou j'arrête! Je vis ou je meurs!

Titre: Rebondir à nouveau

Je marche sur une plage. Je vois une femme couchée face contre terre sur le bord de l'eau, trempée. Les gens disent qu'elle est morte.

Soudain, je réalise que la femme, c'est moi et je me retrouve dans l'eau au milieu du lac. Je saute sur l'eau comme sur un trampoline. Je me sens légère et je bondis les bras ouverts en regardant le ciel. Je ris et je suis parfaitement heureuse.

Je me dis que je ne croyais pas que faire de l'exercice pouvait procurer un tel plaisir.

Sentiments finals: *bien-être extrême, joie de vivre*

Après un moment d'inertie et de mort apparente (femme face contre terre), je retrouve une nouvelle énergie prête à me faire rebondir en dehors de mes émotions (sauter sur l'eau). Je suis prête à m'ouvrir à la vie avec facilité et sans appui (sauter les bras ouverts).

C'est en ouvrant les bras à la vie, physiquement, mentalement et spirituellement que nous réintégrons le monde des vivants et que nous rejetons nos émotions négatives.

En découvrant le désir ou la passion qui nous habite depuis notre enfance, nous avons toutes les chances de découvrir ce qui allume vraiment notre cœur. Que ce soit un talent pour la peinture, la musique, le chant, l'écriture, ou toute autre activité qui fait en sorte que lorsque nous l'exerçons, le temps ne compte plus et qu'il n'y a pas d'effort de notre part. Nous éprouvons alors un sentiment de liberté et nous sommes en parfaite harmonie avec tout notre être.

En tirant le meilleur parti des talents ou des avantages que nous possédons, si petits soient-ils, nous acquerrons des talents et des dons plus grands. Au contraire, si nous les négligeons, nous risquons de perdre même ceux que nous avons.

Nous avons tous des habiletés, des talents! Certains connus et exploités, d'autres qui sommeillent en nous et attendent que nous les exposions au grand jour. Le talent n'est pas exceptionnel puisque tout le monde possède au moins un talent. Plus rare est le courage de suivre ce talent là où il nous mène.

Comment découvrir notre talent? «Un talent, c'est un don particulier qui fait que quelque chose se produit facilement, naturellement. C'est pour l'âme et les forces spirituelles, une façon d'agir sur la vie matérielle; c'est une fenêtre par laquelle l'énergie et la sensibilité spirituelle envahissent l'expérience physique et laissent irradier la lumière[1]».

---

1. Mark Thurston, *L'âme et son destin*, Éditions de Mortagne, 1995.

Les signes de jour et les rêves de nuit fournissent des pistes pour éveiller la petite flamme tapie au fond de nous et qui n'attend qu'un peu d'attention de notre part pour s'enflammer.

En étant présent, prêt à recevoir nos visions et à écouter cette petite voix de l'âme qui nous chuchote doucement, un flot de créativité surgira de ces moments de silence et de communication avec soi.

Quelques mois avant de commencer la rédaction de *Rêves et Deuil*, j'ai fait ce rêve.

Titre: Action

J'entre dans un endroit vaste au plafond très haut comme dans un entrepôt. Je dis au propriétaire que je viens chercher des boîtes qui m'appartiennent. Il jette une très gosse boîte à côté des miennes. Il dit qu'il est content, que cela fera plus d'espace. Il semble empressé de libérer l'emplacement que mes boîtes occupaient.

Je dis à un adolescent penché sur une imprimante de se dépêcher. Il n'est pas rapide et n'est pas habillé, je le vois de dos seulement.

*Je transporte les boîtes dans l'auto. Je lui dis:
«Grouille.» Il ne bouge pas alors qu'il doit
m'accompagner. Je lui dis que je lui donne
cinq minutes pour s'habiller et qu'ensuite je
m'en vais.*

Sentiment final: *désir que ça bouge*

Je ressens le besoin de faire de la place
pour accueillir de nouvelles expériences (je
libère l'entrepôt). Je me sens utile à dégager
les gens de leur fardeau (transporter des
boîtes) et à les inciter à bouger (je dis à
l'adolescent de grouiller).

Il semble que dans la vie, on vit et on
meurt: pour le reste, nous avons le choix
même si parfois nous avons l'impression
que ce n'est pas nous qui choisissons mais
notre famille, notre employeur, nos amis ou
le hasard. Cependant, nous avons toujours
la possibilité de choisir pour peu que nous
soyons conscients que chaque décision a
des conséquences.

«La vie est généreuse en signes avant-
coureurs pour prévenir d'un éloignement
du plan de vie initial choisi afin d'accomplir
sa mission personnelle. En effet, nous

pouvons identifier et détecter les fausses routes et les détours inutiles par des signes de jour ou des rêves de nuit. Il suffit d'être vigilant[1].»

Croire que la place unique qui nous est réservée dans l'univers pour remplir notre mission personnelle ne peut être occupée par une autre personne que nous, fortifie notre désir de trouver nos talents et nos passions.

Nous acceptons rarement d'être la personne que nous sommes vraiment, par crainte d'être jugée ou rejetée alors que comme l'exprime si bien cette citation de Shakespeare: «Sois sincère avec toi-même et de même que la nuit suit le jour, tu ne pourras jamais être faux avec tes semblables!»

Le prochain rêve me guide dans mon choix d'attitude à adopter.

Titre: La présentation

Je suis avec un homme qui veut me présenter à d'autres personnes. Cinq femmes

---

1.   Nicole Gratton, *Découvrez votre mission personnelle*, Éditions Un monde différent, 1999.

dans la cinquantaine entrent une après l'autre en me faisant un compliment. «Vous avez un joli teint, vos mains sont douces, vous êtes élégante.»

Je ris, surprise de recevoir tant de compliments. Ces sont des femmes d'une autre époque. Elles portent les chapeaux et les vêtements des années 1900. Elles sont très joyeuses. J'ai l'impression qu'elles donnent leur approbation face à l'intérêt que l'homme me manifeste, en démontrant qu'elles m'acceptent.

Sentiment final: *bonheur*

Je dois accepter de reconnaître mes talents pour retrouver la paix, l'harmonie et la place qui m'est réservée dans ce monde (recevoir des compliments). À ma grande surprise, la vie m'apporte son accord et son soutien (les femmes donnent leur approbation).

Nous sommes les seuls et uniques créateurs de notre vie. Notre destinée est entre nos mains. Nous ne pouvons penser une chose et en produire une autre, donc du choix de pensées justes dépend une vie harmonieuse.

La mort d'un être cher devrait nous faire apprécier la vie à chaque seconde. Puisque la vie est un cadeau à apprécier chaque jour afin d'en découvrir toutes les couleurs, les odeurs, les musiques, les êtres qui nous entourent. Nous créons alors nos propres projets, nous faisons nos propres choix, nous vivons nos propres rêves et nous aimons à nouveau.

Après avoir traversé des rivières de larmes, des tempêtes de vents, la sécheresse du désert, la mort, le deuil, et finalement tout ce qui fait que la vie est la vie, la lumière et les rires apparaissent enfin au bout du tunnel.

Alors que j'étais en pleine période d'écriture de *Rêves et Deuil*, j'ai fait ce rêve.

Titre: *La broche du Petit Prince*

Je me présente à mon nouveau travail. Un homme m'accueille en souriant et me demande d'attendre car sa réunion n'est pas terminée.

Je vois des employés joyeux et bien vêtus qui viennent chercher des croissants et du jus d'orange sur un plateau bien rempli. Surprise, je me demande si c'est comme ça tous les lundis matin! Ils ont l'air gentils et certains me sourient comme s'ils savaient qui je suis.

Un autre homme m'accompagne vers la sortie en passant dans un long tunnel qui conduit sur la rue. À la sortie du tunnel, deux futures collègues de travail se présentent et l'une d'elles m'entraîne dans une boutique. Elle s'arrête devant un présentoir en forme de carrousel et me dit: «Tiens, je te l'offre!» Elle me tend une jolie broche en or à longue tige dont l'extrémité représente le petit prince de St-Exupéry!

Je la trouve magnifique! Je vois le prix 1.99 $ et je m'exclame: «Mon Dieu, ce n'est pas cher, elle est tellement belle!» Nous rions toutes les deux. Je suis très heureuse.

Sentiment final: *bonheur*

Je suis invitée au banquet de la vie (croissants et jus d'orange) pour en savourer tous les plaisirs et accepter tous les cadeaux qu'elle veut m'offrir (broche en or). En me laissant apprivoiser (le petit Prince) et en m'ouvrant aux autres, je découvre de nouveaux projets à réaliser (nouveau travail).

Le deuil m'aura permis d'apprivoiser, par l'entremise de mes rêves, l'être unique que je suis. Ainsi, j'ai un nouveau chemin à parcourir, une nouvelle vie à découvrir, un talent à exploiter et d'autres personnes à aimer.

Le deuil s'achève avec la réappropriation de sa vie. Nous découvrons une nouvelle façon de vivre qui nous rend heureux même sans l'autre à nos côtés.

Nous découvrons également que nous avons la liberté d'aller où nous voulons et d'être ce que nous sommes! Car lorsqu'on est au bon endroit au bon moment et que l'on connaît sa raison d'être, un profond sentiment de bonheur nous envahit et tout notre être s'illumine.

«Aucun cœur n'a jamais souffert alors qu'il était à la poursuite de ses rêves, car chaque instant de quête est un instant de rencontre avec Dieu et avec l'Éternité[1]!»

Les rêves sont une des ressources les plus précieuses en ce qui concerne la connaissance de soi, la créativité, la communication avec les autres, la résolution de problèmes et la croissance personnelle. Ils nous aident, également, à être plus sensibles aux autres, à garder notre corps physique en santé, à franchir les obstacles qui bloquent notre évolution et à préparer notre avenir.

Souvenons-nous que les rêves ne prendront jamais de décision à notre place! Ils travaillent avec nous et pour nous. Ils offrent un éclairage nouveau pour nous aider à faire des choix judicieux.

---

1. Paulo Cœlho, *L'Alchimiste*, Éditions Anne Carrière, 1994.

Conclusion

J'espère vous avoir transmis le désir de savoir pour mieux agir, en transformant l'action de rêver, commune à tout le monde, en *Art de rêver*[1]. Et ce, afin de capter les messages de la nuit et d'y puiser des trésors infinis et inépuisables.

La traversée d'un deuil est une épreuve extrêmement difficile et douloureuse de la vie. Mais, de l'autre côté des larmes, nous

---

1. Nicole Gratton, *L'Art de rêver*, Éditions Flammarion Québec, 2003 (1994).

accueillons avec reconnaissance, l'amitié, la tendresse et le partage. Nous découvrons les éclats de rire, l'amour, les petits bonheurs du quotidien, les nouveaux projets et la Vie!

Nous réalisons au bout de ce chemin que nous sommes morts à une vie qui n'existe plus, à une identité disparue, à une personne qui ne nous ressemble plus. Nous sommes morts au passé pour renaître à nouveau. La nouvelle personne, la nouvelle âme que nous sommes devenus manifeste sa joie d'exister et la vie renaît en soi et autour de soi.

Nous avons un nouveau chemin à tracer, une nouvelle vie à découvrir, un talent à exploiter, des rêves à vivre, d'autres personnes à aimer. Le deuil nous aura permis d'accéder véritablement à l'être libre, unique et lumineux que nous sommes.

Avec le temps, nous réalisons que rien n'arrive pour rien. Nous parvenons à donner un sens au deuil vécu. En choisissant la vie et tout ce qu'elle peut nous offrir, nous acceptons de lui faire confiance et surtout de nous faire confiance! En restant dans le moment présent et en tournant le dos au passé, nous favorisons l'émergence d'une nouvelle façon de penser, d'agir, d'aimer, de créer, de vivre!

C'est ainsi que nous découvrirons tous les trésors et tous les désirs enfouis au cœur de notre être et qui attendent un petit signe pour laisser jaillir la flamme qui éclairera notre nouveau chemin.

«En nous recentrant en notre cœur, nous découvrons notre jardin intérieur; ce lieu où nous allons pour nous recueillir, cette dimension infinie devenant l'espace de notre sérénité. Nous retrouvons ainsi notre véritable source de paix, notre Lumière divine. Nous atteignons le calme et nous nous en tenons à l'essentiel. Nous réalisons à quel point nous sommes merveilleux[1].»

---

1. Mario Duguay, *Messages de Lumière*, Duguay Distribution, 2002.

À propos de l'auteure

Micheline Lapensée est conférencière et consultante en résolution de deuil par les rêves.

Animatrice certifiée de l'École de Rêves Nicole Gratton, elle offre des ateliers à Montréal et ses environs.

Pour des informations concernant les prochaines activités, vous pouvez faire parvenir votre demande à l'éditeur ou aux adresses suivantes:

Courrier postal	Micheline Lapensée C.P. 22, Succ. St-Michel Montréal (Québec) Canada H2A 3L8
Courriel	*michelie@videotron.ca*
Site Internet	*www.nicole-gratton.com*

Bibliographie

BOUCHER, Paule, *Les signes de jour*, Éditions Le Dauphin Blanc, Loretteville, 2002.

CARDINAL, Denise, *Rêves et Mémoire*, Éditions Le Dauphin Blanc, Loretteville, 2002.

CŒLHO, Paulo, *L'alchimiste*, Éditions Anne Carrière, Paris, 1994.

FAURÉ, Christophe Dr, *Vivre le deuil au jour le jour*, Éditions Albin Michel, Paris, 1995

FOX, Emmet Dr, *Le pouvoir par la pensée constructive*, Librairie Astra, Paris, 1975.

GRATTON, Nicole, *L'Art de rêver*, Éditions Flammarion Québec, Montréal, 2003 (1994).

GRATTON, Nicole, *Découvrez votre mission personnelle*, Éditions Un monde différent, Saint-Hubert, 1999.

GRATTON, Nicole, *Mon journal de rêves*, Éditions de l'Homme, 1999.

GRATTON, Nicole, *Les rêves d'amour*, Éditions Un monde différent, Saint-Hubert, 2000.

GRATTON, Nicole, *Les Rêves, messagers de la nuit*, Éditions de l'Homme, 1998.

GRATTON, Nicole, *Rêves et Spiritualité*, Éditions Le Dauphin Blanc, Loretteville, 2003.

GRATTON, Nicole, *Rêves et Symboles*, Éditions Le Dauphin Blanc, Loretteville, 2003.

MILLMAN, Dan, *Votre chemin de Vie*, Éditions du Roseau, Montréal, 1995.

MONBOURQUETTE, Jean, *Aimer, perdre et grandir*, Éditions du Richelieu,1983.

NERBURN, Ken, *Les grâces de l'instant*, Éditions du Roseau, 1999.

NEWTON, Michael, *Un autre corps pour mon âme*, Éditions de l'Homme, Montréal, 1996.

PINARD, Suzanne, *De l'autre côté des larmes*, Éditions de Mortagne, Boucherville, 1997.

RENARD, Hélène, *Les Rêves et l'Au-Delà*, Philippe Lebaud Éditeur, Paris. 1991.

RICHELIEU, Peter, *La vie de l'âme pendant le sommeil*, Éditions Vivez Soleil, Genève, 1991.

TOLLE, Eckart, *Mettre en pratique le pouvoir du moment présent*, Ariane Éditions, Montréal, 2002.

THURSTON, Mark, Edgar CAYCE, *Les rêves, réponses d'aujourd'hui aux questions de demain*, Éditions de Mortagne, Boucherville, 1994.

WILCOX, Adèle, *Surmonter sa peine*, Éditions de l'Homme, Montréal, 2000.

Autres

Magazine VIVRE, Volume 1, numéro 5, Novembre-décembre 2001.

DUGUAY, Mario, *Messages de Lumière, 52 cartes*, Duguay Distribution, Drummondville, 2002.

Collection
RÊVE-À-TOUT
dirigée par Nicole Gratton

Déjà paru

Rêves et Télépathie –Paule Boucher – 2002
Communiquer par les rêves télépathiques

Rêves et Mémoire –Denise Cardinal – 2002
Garder la jeunesse de sa mémoire par les rêves

Rêves et Symboles –Nicole Gratton – 2003
Comprendre les images de la nuit

À paraître en 2003

Rêves et Créativité – Brigitte Langevin –
2003
Devenir plus créatif par les rêves d'inspiration

Rêves et Spiritualité –Nicole Gratton – 2003
Reconnaître et favoriser les rêves spirituels

À venir

Rêves et Analyse

Rêves et Enfants

Rêves et Prémonition

Rêves et Intuition

Rêves et Prospérité

Rêves et Autothérapie

Rêves et Amour

Rêves et Guérison

Rêves et Humour

À propos de la directrice de collection

Nicole Gratton est fondatrice et directrice de l'École de Rêves Nicole Gratton. Elle forme des animateurs certifiés qui offrent ses ateliers dans plusieurs régions du Québec.

Conférencière internationale, Nicole Gratton donne des conférences sur le thème des rêves et du sommeil. Elle écrit des chroniques régulières dans plusieurs magazines québécois.

Pour des informations concernant les prochaines activités vous pouvez faire parvenir votre demande à l'éditeur ou à l'adresse suivante.

Courrier postal	C.P. 22, Succ. St-Michel Montréal (Québec) Canada H2A 3L8
Courriel	*info@nicole-gratton.com*
Site internet	*www.nicole-gratton.com*

Livres de Nicole Gratton

Rêves et Symboles – Éditions Le Dauphin Blanc, 2003

Rêves et Spiritualité – Éditions Le Dauphin Blanc, 2003

Le sommeil idéal – Éditions Un monde différent, 2000

La découverte par le rêve – Éditions Un monde différent, 2000

Les rêves d'amour – Éditions Un monde différent, 2000

Découvrez votre mission personnelle – Éditions Un monde différent, 1999

Mon journal de rêves – Éditions de l'Homme, 1999

Les rêves, messagers de la nuit – Éditions de l'Homme, 1998

Rêves et Complices – Éditions Coffragants, 1996
(Livre et CD-audio pour enfants)

L'Art de rêver – Éditions Flammarion Québec, 2003 (1994)

L'Art de rêver CD audio – Éditions Coffragants, 2003

À venir

Rêves et Enfants – Éditions Le Dauphin Blanc 2004

AGMV Marquis

MEMBRE DE SCABRINI MEDIA

Québec, Canada
2003